养成优秀宝宝顶尖育儿宝典

刘清华 /主编

黑龙江科学技术出版社

图书在版编目(CIP)数据

0~6岁聪明宝宝智力开发宝典/刘清华主编.—哈尔滨:黑龙江科学技术出版社,2011.7
ISBN 978-7-5388-6749-7

Ⅰ.①0… Ⅱ.①刘… Ⅲ.①婴幼儿—智力开发 Ⅳ.①G61

中国版本图书馆CIP数据核字(2011)第147849号

0~6岁聪明宝宝智力开发宝典
0~6SUI CONGMING BAOBAO ZHILIKAIFA BAODIAN

作　　者	刘清华
责任编辑	项力福　刘红杰
封面设计	白冰设计
出　　版	黑龙江科学技术出版社
	(150001　哈尔滨市南岗区建设街41号)
电　　话	(0451)53642106　传真53642143(发行部)
印　　刷	北京嘉业印刷厂
发　　行	全国新华书店
开　　本	710×1000　1/16
印　　张	13.5
字　　数	170千字
版　　次	2011年10月第1版·2012年7月第3次印刷
书　　号	ISBN 978-7-5388-6749-7/G·715
定　　价	29.80元

前言 引导宝宝发挥潜能

父母是宝宝的第一任老师,家庭是宝宝的第一所学校,虽然宝宝都在接受教育,但这教育的质量可就大不相同了。宝宝能学到什么,能学到什么程度,关键就要看家庭和父母。0~6岁是宝宝大脑发育最快的时期,适时进行早期教育对宝宝的身心发育十分重要。

正常的宝宝从一出生就会凭借自己与生俱来的感知能力去看、去听、去闻、去尝、去模仿、去记忆,宝宝学习的冲动父母拦都拦不住。比如两个月大的宝宝就会转动头和眼睛来跟踪走动的人了,半岁的宝宝听到声音就会寻找声源,1岁的宝宝看电视时将电视关掉他就会闹,两岁的宝宝最喜欢帮妈妈扫地、洗碗……宝宝每时每刻都在调动自己的智慧吸收新知识,这就是早期的智力开发。

对于早期智力开发,父母要始终走在宝宝前面,不断地开发宝宝的智力,这样才能让宝宝赢在起跑线上。

Chapter 1　望子成才好爸妈
——0~6月宝宝智力开发

益智饮食 ·················· 2
行为开发 ·················· 6
语言开发 ·················· 12
运动益智 ·················· 16

Chapter 2　天才宝宝英才控
——6月~1岁宝宝智力开发

益智饮食 ·················· 22
行为开发 ·················· 27
语言开发 ·················· 32
运动益智 ·················· 40

Chapter 3　宝宝智慧大征集
——1岁~1岁半宝宝智力开发

益智饮食 ·················· 48
行为开发 ·················· 50
语言开发 ·················· 54
运动益智 ·················· 60

Chapter 4　左脑右脑聪明宝宝
——1岁半~2岁宝宝智力开发

益智饮食 ·················· 66
行为开发 ·················· 76
语言开发 ·················· 81
运动益智 ·················· 87

Chapter 5　聪明宝宝快乐课堂
——2岁~2岁半宝宝智力开发

益智饮食 ·················· 92

行为开发 ……………………………… 95
语言开发 ……………………………… 100
运动益智 ……………………………… 105

Chapter 6 智慧宝宝得勋章

——2岁半~3岁宝宝智力开发

益智饮食 ……………………………… 110
行为开发 ……………………………… 121
语言开发 ……………………………… 127
运动益智 ……………………………… 130

Chapter 7 请来女神雅典娜

——3~4岁宝宝智力开发

益智饮食 ……………………………… 134
行为开发 ……………………………… 144
游戏开发 ……………………………… 152
情商培养 ……………………………… 158

Chapter 8 全脑发展小神童

——4~5岁宝宝智力开发

益智饮食 ……………………………… 170
行为开发 ……………………………… 176
游戏开发 ……………………………… 178
情商培养 ……………………………… 182

Chapter 9 扶持蹦跳智慧长高

——5~6岁宝宝智力开发

益智饮食 ……………………………… 190
行为开发 ……………………………… 194
游戏开发 ……………………………… 198
情商培养 ……………………………… 204

Chapter 1

望子成才好爸妈

——0~6月宝宝智力开发

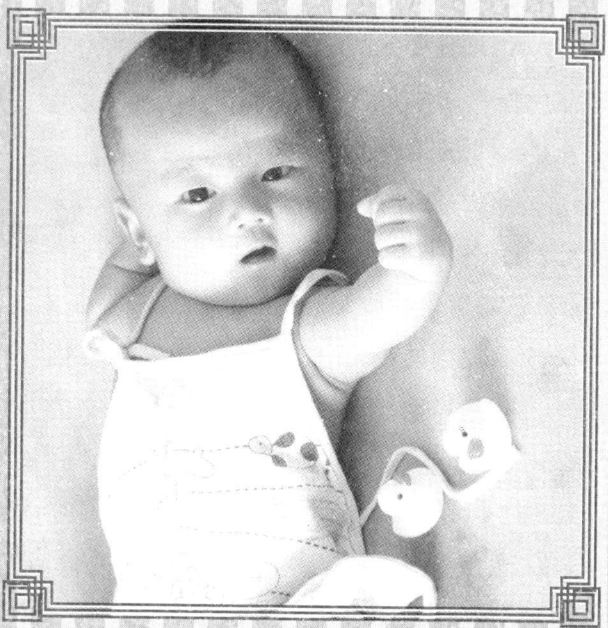

母乳是宝宝的最佳食品

母乳喂养的孩子在4~6个月之前较少患病,这是因为母乳中含有多种免疫物质,可以增强婴儿的抗病能力。这种免疫作用是母乳所特有的。母乳是婴儿的最佳食品,母乳含有丰富的蛋白质、脂肪、糖及各种微量元素,且各种营养成分比例合理,利于婴儿消化吸收,能完全满足4~6个月以内的小儿生长发育的需要。这是其他任何食品所不能比的。

母乳喂养有利于母亲与婴儿感情的交流,与孩子的心理、语言和智能的发育有着十分密切的关系,并使婴儿在母亲的怀抱中得到爱抚。同时,产后哺乳有利于母亲的健康,婴儿吸吮时刺激乳头,放射性地引起子宫收缩,促进子宫复原,有利于母亲产后的恢复。

母乳安全又卫生,温度适宜,不易造成肠道感染和消化功能紊乱,且经济方便。

此外,母乳还有其他的益处:

(1)母乳不会给婴儿内脏造成负担,母乳的营养几乎是可以被百分之百吸收的。

(2)母乳中含有大量的免疫

物质,与人工喂养的婴儿相比,母乳喂养的婴儿患病率低。

(3)母乳中的人体蛋白质易于消化吸收,而动物蛋白质如果消化不充分,很多宝宝会出现过敏。

(4)母乳,特别是初乳,含有多种抗体,可以预防多种感染性疾病。

(5)宝宝通过吸吮妈妈的乳汁,可以增加与母亲的肌肤接触,从而建立深厚的母子感情,使婴儿获得安全感。

奶粉催出小胖墩?

有一种说法似乎已经在许多新爸爸新妈妈那里"根深蒂固"了,那就是喝奶粉的宝宝比喝母乳的宝宝更容易肥胖。而且这个说法越传越真,如果自己家的宝宝有点胖,那家长很快就将祸首归罪于奶粉。但是儿童专家却说,奶粉导致肥胖的说法是毫无科学道理的,宝宝过度肥胖,有部分原因是过度喂养,而非奶粉。

过度喂养导致肥胖

儿童营养科博士说,奶粉或者牛奶导致宝宝肥胖的说法没有依

据。从营养学的概念说,奶粉不如母乳,母乳是妈妈们喂养的第一选择,但若说奶粉会导致肥胖,那是没有根据的事情。宝宝的食量是有限的,如果过度喂养,无论喂什么,包括奶粉,肥胖都是不可避免的,这种肥胖与奶粉本身无关,而与家长的喂养习惯有很大关系。

一周岁以内的宝宝如果以喂奶粉为主,需要注意以下问题:首先,婴幼儿的奶粉内营养物质添加比较多,对策就是要定时定量饮水,在每次喂奶粉的间隔时间里喝水最好。添加辅食的话,四个月开始添加,且最好以半流质为主,逐渐开始加入一些固体辅食,蛋白质含量也不能过高,蛋白质含量过高宝宝容易出现过敏、湿疹。肉类占的比例不要超过20%~30%,且

以鱼肉为主。若1岁后仍以奶粉为主要食物来源,那么建立良好的饮食习惯就很不容易了,宝宝容易偏食。过度依赖牛奶的宝宝其牙齿和身体各部位的生长要慢于均衡饮食的宝宝。

饮食搭配很关键

如果宝宝真的肥胖了,那该怎么办呢?专家说,最佳的补充食物恰恰就是牛奶。因为牛奶中含有丰富的钙有抑制脂肪生成,促进脂

肪代谢的作用。建议肥胖的宝宝在控制总能量的前提下每天都要喝250~500毫升的牛奶。喝牛奶容易腹泻的儿童可以喝免乳糖奶或酸奶。过度肥胖的宝宝在5岁以前患心脏病或中风的概率比正常宝宝要高出3~5倍。

除了乳制品,再向肥胖宝宝的家长介绍3类食物——坚果及豆类、蔬菜、鱼类,这些食物对宝宝的心脏有益。杏仁、花生等坚果富含对心脏有益的氨基酸和不饱和脂肪酸,能降低患心脏病的风险;黄豆及豆制品含有多种人体必需的营养素,可促进体内脂肪和胆固醇代谢。新鲜的绿叶蔬菜中不含脂肪,其富含的纤维素可以加速脂质排出体外,保护宝宝的心血管功能。鱼肉含有丰富的不饱和脂肪酸,为猪肉的10倍,能降低胆固醇水平,降低血黏度。

判断新生宝宝的饥饱

如果你是一个新爸爸或者新妈妈,摆在你面前的第一个问题就是宝宝吃奶的问题,如:怎么判断宝宝的饥饱。判断宝宝吃没吃饱,可以用以下4种方法。

看体重

用婴儿体重增加的情况和日常行为来判断宝宝是否吃饱是比较可靠的。如果宝宝清醒时精神好、情绪愉快,体重逐日增加,说明

宝宝吃饱了；如果宝宝体重长时间增长缓慢，并且排除了患有某种疾病的可能，则通常认为宝宝并没有吃饱。

听哭声

哺乳时，宝宝长时间不离开乳房，哺乳后，宝宝啼哭，这是他吃不饱的表现。

看吃奶方式

宝宝吃过奶后能安静地睡觉，直到下次吃奶前才有些哭闹，这是宝宝吃饱的表现。有时猛吸一阵，就把奶头吐出来哭闹，体重增加偏慢，这是宝宝吃不饱的表现。

如果吃奶时很费劲儿，吮吸不久便睡着了，睡不到1~2小时又醒来哭闹，或有时猛吸奶头，这也是宝宝吃不饱的表现。

看排便

正常大便应为黄色软膏状。奶水不足时，宝宝大便会出现秘结、稀薄、发绿或排便次数增多而每次排出量少，这是宝宝吃不饱的表现。

行为开发

睡的饱才能智力好

新出生的婴儿,大脑尚未发育成熟,功能也不健全,脑组织很容易疲劳,所以宝宝需要充足的睡眠来保证大脑休息。在宝宝的生长发育过程中,健康的睡眠甚至比营养更重要,初生的婴儿,每天的睡眠应在16~18小时。睡眠不足会使宝宝的生理功能紊乱、神经系统失调、食欲不振、抵抗力下降、体重增长缓慢,宝宝往往还爱哭闹,再丰富的营养也不会起到什么作用。

睡眠是一个十分复杂的状态,是神经系统发育成熟的重要标志。通过对宝宝睡眠的观察,能够预测其大脑在发育方面的改变,以了解宝宝的身体是否健康。

宝宝睡后安静、呼吸轻而均匀、头部略有汗、面部舒展、时而有微笑的表情,这些都表明宝宝大脑发育良好且身体健康。

由于新生的宝宝还没有自己控制和调整睡眠姿势的能力,所以妈妈在护理宝宝睡眠时应多注意观察,要经常帮助宝宝变换睡眠姿势。爸爸妈妈除了要为宝宝创造良好的睡眠环境外,还应该使宝宝养成良好的睡眠习惯,促进和实现宝宝的健康睡眠。

与宝宝交流,从刚出生开始

初生婴儿与人交往的重要方式就是哭,宝宝哭的原因有很多,如饥饿、口渴、尿布湿了、冷了、热了等,妈妈要细心分辨宝宝不同的哭声所代表的不同的含义,并及时给予满足。这就要通过与宝宝的交流来实现了。

宝宝出生后交往的第一个对象就是妈妈,妈妈可以通过抚摸宝宝使宝宝对其产生信任感。抚摸也是宝宝和爸爸妈妈进行交流的第一步。

爸爸妈妈还可以和宝宝进行

一些小游戏,以达到亲子交流的目的。

抚摸宝宝

爸爸妈妈用不同材质的物品如毛毯、丝绸、羽毛、棉花等抚摸宝宝,可以边抚摸边轻轻哼唱一些歌曲,如催眠曲,这会让宝宝产生安全感。

这个大、那个小

从宝宝的大拇指或大脚趾开始玩这个游戏,爸爸妈妈依次触摸宝宝的每一根手指和脚趾,一边摸一边说:

"这个大,那个小,这个粗,那个细,这个最长。"专家提示说,这种方式可以让宝宝感觉到家人给予他的爱。

无论是做游戏还是抚摸,都是妈妈和宝宝交流的方式之一。妈妈们要记住,无论宝宝多小,他都需要爸爸妈妈的关注,需要与爸爸妈妈交流,只有这样,他们才能更好地接触周边的环境,适应自己所处的氛围,所以要早一点进行智力启蒙。

让宝宝更聪明的交流方式

触觉交流

母婴间的触觉交流,最常见的是母亲为婴儿哺乳。哺乳可为婴儿最初的触觉产生和发展提供条件。婴儿以其最敏感的口角、唇边和脸颊,依偎到温暖的乳房后,能在大脑中产生安全、甜蜜的信息刺激,这可对其智力发育起催化作用。

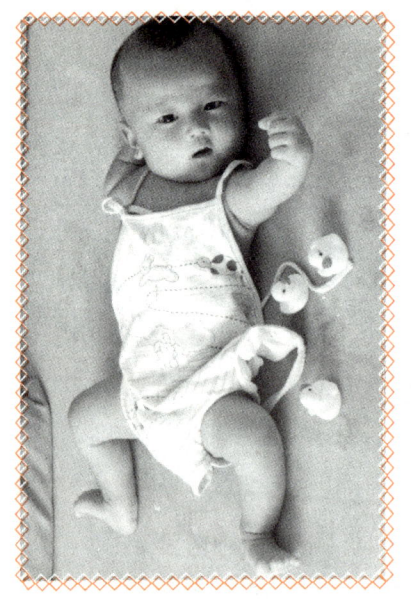

视觉交流

婴儿出生一个月左右,视网膜已经形成,但因尚未发育成熟,故其可见距离不超过40厘米,几乎只能看到眼睛正前方。母亲在哺乳时,总会发现婴儿边吃边直视着自己的眼睛,这是婴儿情感发育过程中的视觉需要,也有益于其心理健康发育。对于人工喂养的婴儿,母亲在使用奶瓶喂奶时,更应有这种视觉交流。

嗅觉交流

生物学研究证实,人类在视觉相当发达后,嗅觉便开始退化。但是,婴儿的嗅觉却相当灵敏。刚出生几天的婴儿,便能简单识别气味。在试验中,如果把浸过母乳的布靠近婴儿鼻端,婴儿会顿时停止哭闹而做出寻乳的姿态。由于婴儿能嗅出是不是母亲,故专家提出,婴儿期由母亲陪睡可产生良性刺激,有利于其智力发育。

听觉交流

研究表明,婴儿出生一周后,即能分辨出人声或物声。这是因为婴儿自出生起,便有声响需要,并能从各种声响中产生"诱发效应",从而很快以声音辨别是不是母亲。可别小看母亲与婴儿间的"对话",细心的母亲会发现,在对

婴儿说话时,他会动手动足,一副满足的模样。更重要的是,多与婴儿"对话",可使大脑正处在迅速发育中的婴儿,很快牙牙学语,为日后语言发展奠定良好的基础。

由此可见,妈妈和婴儿的密切接触与交流是多么重要。千万不要因为生活快节奏等种种原因,而忽视了身边的小宝贝。别忘记,婴儿需要母亲带他认识这个新鲜的世界。

宝宝模仿家长也是一种交流

在世界上,不同民族的新生宝宝都一样,他们的面部表情是明显的,通常表现的面部表情有害怕、悲哀、高兴、讨厌和生气。所以说,人脸是会说话的。宝宝从出生开始就能显示几乎和成人一样的面部表情。

当新生宝宝注视你的面部表情时,他的双眼集中到你的眼睛和嘴上。然后,按照他们所见来改变自己的眼睛和嘴的表情。当他们模仿悲哀的表情时,他们会紧缩眉头,并撅起小嘴。但如果要问,新生宝宝到底需要接受多少刺激才能联系到他们的模仿行为呢?目前尚不清楚。也许这是人类婴儿的天赋。他们用自己面部的感觉器官,随着自然运动和各种特征性的活动,使自己在新生儿时就拥有了最大范围的面部表情。

随着宝宝的生长、发育,他们的面部才显示真正的表情,并随着家庭环境的变化而变化。

观察到，母亲对婴儿来说，就像是一面镜子，尤其是出在生后第1个月，母亲在婴儿的模仿行为上花了很多的工夫。专家在母亲的镜子作用中评论道："当新生儿看见母亲的脸时，他们到底看见了什么呢？看见的是他们自己。"

当母亲温和地追随或模仿婴儿而不是刺激或指挥他们，并且把自己摆在婴儿的位置上时，小婴儿做出的反应和模仿行为就明显增多。

相互借鉴的另一种形式是互相学习。婴儿要了解自己、了解父母、了解他们在社会中的地位。我们为新生儿具有交流信息、生存和接受养育的先天本领而惊异。

聪明的宝宝读书早

初生的宝宝并不识字，但在他们眼里，书和其他玩具一样，可以玩，可以啃。

给宝宝选书，首先要考虑不怕撕、不怕咬的书，硬卡纸的、塑膜的、卡片式的、挂图的等都可以选。其次要考虑那些色彩鲜艳、图案清晰大方，并附有相关的玩具的书，以吸引宝宝的注意力，使宝宝萌发对书的好感。再次要考虑书的内容，以认物和讲述简单故事的书为首选。在看书时要把着宝宝的手教宝宝翻页，这样可以达到启发、诱导宝宝看书的目的。

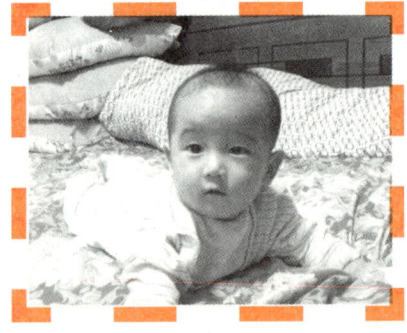

出生后的0~3个月是宝宝最初与图书接触的时期，这时他还只能被动地以眼、耳接收爸爸妈妈手中的图画和声音。当宝宝对书失去兴趣时，会先移开目光，再拱背，然后大哭；当宝宝因看书而感到兴奋时，会抓住大人的手指以表示自

己感到满足。

 越早会笑的宝宝越聪明

微笑是人类最基本的表情,是表达感情最温柔的手段,它和语言一样,能让人们互相沟通和传递感情。宝宝一般在出生第10～20天或者更早的时候就会微笑,到3个月左右会出声笑。婴儿的微笑是最迷人的,会让他的爸爸妈妈欢欣鼓舞,心甘情愿地享受抚育婴儿的艰辛。

现在有一种流行的说法叫"越早会笑的宝宝越聪明"。从大脑的发育和神经学的角度来看,这种说法是比较科学的。宝宝的微笑分为自发性微笑和诱发性微笑两种。

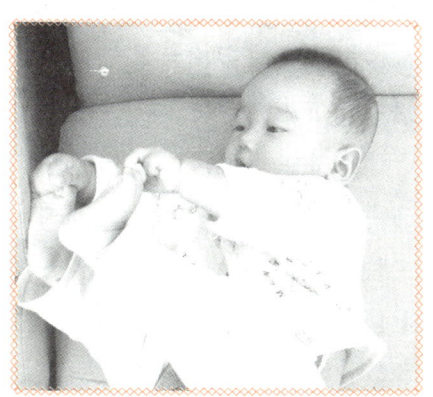

初生婴儿的微笑都是突然之间的,悄无声息的,如昙花一现,几乎可以用稍纵即逝来形容。也许正因为它来也匆匆去也匆匆所以更显珍贵,我们很难捕捉到宝宝最佳状态的笑。这种笑与外界因素的刺激无关,不是由于看到什么东西而引起的,多半是在睡着的时候产生的,只是一种生理表现,是无意识的笑,所以被称做自发性微笑(又叫内在性微笑或反射性微笑,民间也称"睡笑")。

宝宝1～2个月时,当妈妈对他说话并且对他微笑时,他也会回应微笑,而且妈妈的女高音比爸爸的男低音更能诱发宝宝的微笑。第6周之后,宝宝的笑容更加明显,由嘴部向整个脸部延展,可爱极了,因此,人们特别喜欢逗宝宝笑。宝宝在这一阶段的笑是因为外界刺激而产生的笑,被称作"诱发性微笑",它是宝宝与人交往和表示自己快乐的一种方式。宝宝是多么需要自己喜欢的人在身边微笑着和他说话,给予充分的爱;宝宝也以这样方式博得人们尤其是爸爸妈妈的喜爱,建立起了和生活中重要人物之间感情的联系,实现了感情互动。逗宝宝笑,对他的心理健康发展十分有利,爸爸妈妈也深深地体会到与宝宝在一起的欢乐。

##

如何回应咿呀学语的宝宝

宝宝的第一次咿呀学语,一般是在2~3个月的时候。

一般来说,这时候的宝宝发出的音算不上真正的语言,也就是唧唧咕咕地发出一些声音来。此时爸爸妈妈可以学宝宝咿咿呀呀的"说话",宝宝会格外兴奋,会激起宝宝更大的兴趣,令他继续尝试发声。而爸爸妈妈正常的发音也必不可少,正是这种不停的"输入",提供了机会让宝宝学习成人的说话方式。

要吸引宝宝的注意力,就要放

慢语速、提高声调并采用夸张的语气说出或重复说出一些简短的词语或句子。

爸爸妈妈可以一边做事情一边讲给宝宝听,比如要出门时对宝宝说:"戴上帽子,我们要出门啦!"4个月以后,婴儿进入了连续音节阶段。爸爸妈妈可以明显地感觉到,宝宝发音增多,尤其在高兴时更明显,可发出如"ha－ha、da－da、mou－mou"等声音,这些发音都还没有具体的指向,属于自言自语性质。

日常生活中随时随地都能够教宝宝语言,即使不准备任何教具,也会收到很好的效果。当爸爸下班回来时,就和宝宝说:"爸爸回来了";妈妈给宝宝喂奶时,就说:"妈妈给宝宝喂奶了!"等等。

如果宝宝不经意发出"妈妈"的音节,就要马上鼓励宝宝,并称赞:"宝宝会叫妈妈了,妈妈可真高兴"。尽管宝宝还没有意识到他发出的声音是在呼唤妈妈,但随着妈妈的不断强化,不断和宝宝说"妈妈要给宝宝吃奶了","妈妈要给宝宝洗澡了"等等,宝宝就会把"妈妈"这个音和妈妈这个人结合起来,就会有意识地喊妈妈了。这需要一段很长的时间,可宝宝就是这样学习语言的。

宝宝最初的智力活动是学说话

聪明的母亲,在孩子呱呱落地之时,就应多爱抚孩子,这种无声的交流所表达的爱心无疑是在孩

子幼小心灵抹上的清新隽永的第一笔,从而启动孩子的心理活动,使孩子感受到周围陌生世界的存在,建立起自己的思维活动。孩子最早的智力活动就是学说话,孩子对周围世界的认识,思维能力的形成,都是通过学话实现的。

有关研究表明:在正常条件下,婴儿出生6个月后,就已开始学习说话了。只是这时属于"鹦鹉学舌"阶段,同时将说话的声音与具体的事物对应起来。1周岁左右的孩子往往就能说两三个词语了。18~24个月,是孩子语言迅速发展的时期,他们开始将第一信号系统的单纯声音信号,转变为

具有抽象意义的词语信号，从而初

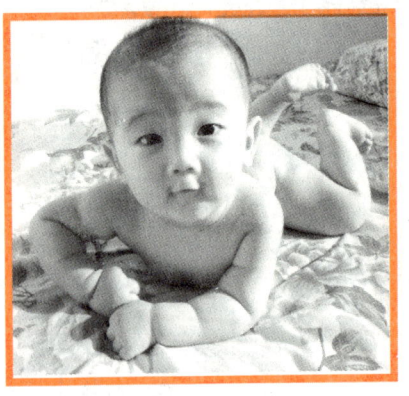

步形成了抽象思维的主要特征。妈妈应多与婴儿进行语言交流，尽可能多地利用孩子身边的人和物，鼓励孩子多开口说话。如当给孩子洗澡时，要一面洗一面说：妈妈给宝宝洗澡；见到汽车可让孩子学汽车鸣叫；见到太阳可让他向"太阳公公"问好；见到女士让他说"阿姨好"，见到男士让他说"叔叔好"等等。培养孩子早说话要注意方法：一是注意趣味性，在孩子兴趣盎然的游戏活动中，有意识地引导孩子学说话；二是注意形象性，即为了使孩子逐渐掌握丰富的词语，应尽量使这些词语同所代表的事物对应起来，一起印入孩子的脑海中。

哭闹就是新生宝宝的语言

研究表明，约有一半的新生儿一天之中哭闹的时间超过两个小时，有1/5的新生儿无休止的号啕大哭反复发作，常常令初为父母的爸爸妈妈束手无策。更为严重的是，新生儿的持续啼哭声易导致产妇产生疲劳感和绝望感而患上产后忧郁症，对身心造成极大的伤害。新生儿长时间哭闹，还会导致一系列其他问题的产生，比如母乳

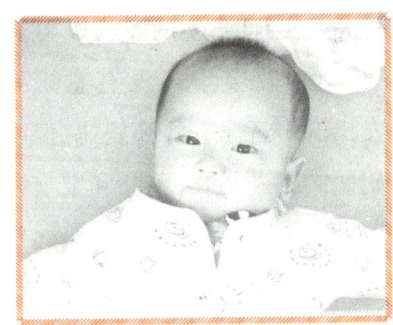

喂养失败、婚姻中出现紧张气氛，甚至诱发虐待儿童的暴力事件发生。

早教专家艾达向作者介绍了安抚新生宝宝哭闹的5个小窍门："包、侧、嘘、摇、吮"。据了解，这种方法来源于美国儿科医生哈韦·卡普博士多年的临床经验和5000

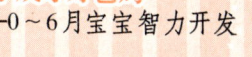

多例婴儿的实际安抚案例研究。

包裹：胎儿在妈妈的子宫里是被紧紧包裹着的。专家认为，"襁褓法"可以让宝宝感觉像是重新回到了妈妈的子宫，获得了被保护的安全感。具体方法是：使用长宽均为1.5米的包布将宝宝包裹好，在不妨碍宝宝正常呼吸的前提下，尽量裹得紧些。

侧抱：家长常常采用让婴儿平卧在怀里的姿势抱孩子，但事实上这样往往无助于安抚宝宝。育儿专家认为，刚刚降生的婴儿事实上还没有准备好迎接新的环境，对他们来说，从子宫的温暖环境里出来刺激了人类与生俱来的"莫洛反射"，表现为哭闹不停。而把婴儿竖直抱起或侧抱则会关闭这一反射，可让宝宝尽快安静下来。

声音：其实母体中的环境并不是非常安静的，这些声音包括母亲血管流动的"刷刷"声、母亲心脏跳动的声音、肠胃蠕动的声音、说话的声音，等等。新生宝宝耳膜较厚，对于成年人来说有点响的声音对新生儿来说可能刚好合适。家长可以为宝宝营造这种类似的声

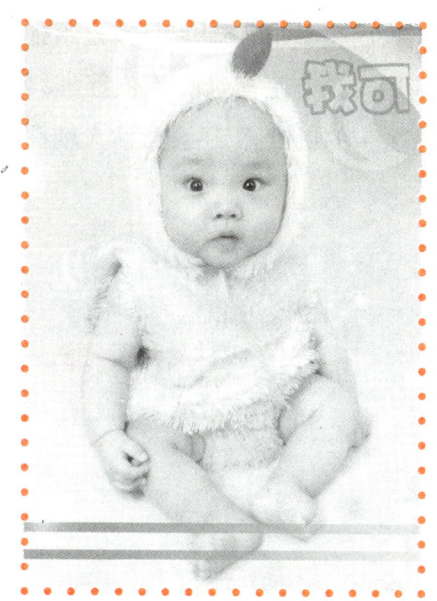

音环境，使用吹风机、吸尘器、收音机、烘干机、流水或选择"白噪音CD"，都可以达到类似的效果。对着宝宝的耳朵"嘘"声也让宝宝很受用，他们可以从中获得安全感。

摇晃：在妈妈的子宫里，无论妈妈在走路、坐着看电视，或是睡觉时翻身，宝宝的感觉就像在海上坐船一样舒适，因此轻轻地摇晃会受到新生宝宝的喜欢。但专家提醒家长注意：摇晃宝宝的幅度要小而快，不适当的摇晃可能导致婴儿身体受到伤害甚至猝死。

吮吸：宝宝在预产期前3个月就开始练习吮吸手指了。把你的

手指放在婴儿的嘴巴里,或是给他使用安抚奶嘴。吮吸不仅能够缓解宝宝的饥饿感,还会激活大脑深处的镇静神经,将宝宝带入深沉的平静,让宝宝进入满意的放松阶段。

运动益智

促进宝宝智能发展的身体运动

运动就像吃饭、睡觉一样是人类生命不可缺少的一部分,但爸爸妈妈们往往只重视对宝宝智力的培养,而忽略了宝宝运动智能方面的发展。运动智能不仅是宝宝最先得到发展的能力,而且将为宝宝其他智能的发展奠定坚实的基础。

运动能使骨骼强健、肌肉发达,促进身体健康发育。运动能加速血液循环,促进新陈代谢,为大脑提供高质量的营养,使头脑更灵活,从而促进智力的发展。运动是释放宝宝心理情绪和压力的途径,有利于宝宝形成积极向上的性格。

运动是宝宝学习的工具和途径,肢体运动有助于宝宝的认知和学习,能为宝宝将来学习各种其他的动作和技能奠定基础。

爸爸妈妈们应抓住日常生活中的点滴机会来提升宝宝的运动智能。比如在日常生活中，宝宝起床穿衣、穿鞋、戴帽子时，妈妈不妨放手让宝宝自己尝试一下，这时的宝宝也往往固执的可爱，有些事情非要自己做不可。妈妈要多多地给宝宝实践的机会，要有耐心，不可中途打断宝宝去包办代替，否则不利于宝宝自主性运动智能的培养。

游戏是宝宝最喜爱的一种运动形式，其中的体能游戏更能大大促进宝宝运动智能的发展。爸爸妈妈们要根据宝宝的特点，从实际出发，选择适当的运动形式，保证适当的活动量和运动强度，真正调动宝宝的每一块肌肉、每一根神经，使宝宝得到真正的锻炼。

宝宝与生俱来的运动能力

胎儿在子宫里的时候就开始运动了，即胎动，因此宝宝刚出生就具备了较强的运动能力。初生婴儿的运动能力，一部分属于原始反射，如踏步反射，这种动作会在出生后 58 天左右逐渐消失；另一部分运动能力则会随月龄的增长而增强，如抬头、爬行等。

初生婴儿拥有许多先天的运动本领。比如会将手放到嘴边甚至伸进口内吸吮；四肢会做伸屈运动；妈妈和宝宝说话时，宝宝会随音节有节奏地运动，表现为转头、

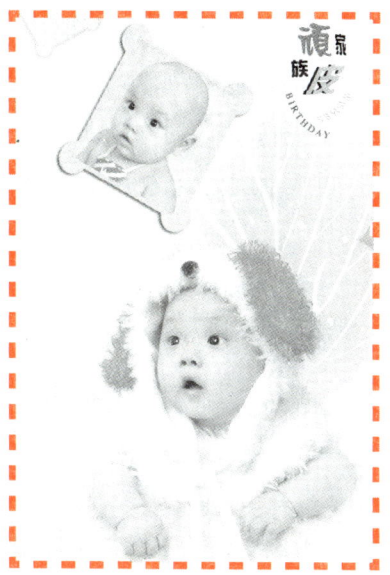

手上举、伸腿等动作。

初生婴儿还有一些反射性活动：

爬行反射——让初生婴儿俯卧在床上，妈妈用手抵住他的两脚，宝宝会趁势向前爬行。

行走反射——扶宝宝光脚直立在床上，宝宝两腿会交替向前迈

步，做踏步动作。

游泳反射——在水下分娩的宝宝，可在水中游来游去而不呛水。

抓握反射——将食指放在初生婴儿的掌心时能立即感到手指被他攥紧了，妈妈可借此将宝宝的手提升在空中停留几秒钟。

宝宝这些先天就有的能力，如果不及时加以练习，几个月后就会自然消失，如果及时加以训练，这种先天的反射就会变成后天的本领。

游泳训练可提高宝宝的智商

研究发现，会游泳或进行过游泳锻炼的婴幼儿，神经发育更好，比同龄不游泳的宝宝智商、情商均高，这些宝宝往往表现为聪慧好学、勇于进取，思路敏锐，反应快。

初生宝宝游泳训练要认真且专业

很多爸爸妈妈都知道游泳训练好处多多，于是便想买一套婴儿游泳设备让宝宝在家练游泳。可是，初生婴儿的抵抗力差，让他进行游泳训练，可不能鲁莽，爸爸妈妈最好先接受专业的培训并且了解注意事项，还必须做好认真细致

的准备工作，许多环节也必须要慎之又慎。

什么时候下水游泳最好？

小宝宝最好是生后7天待脐带脱落以后再下水，以防止脐部感染；如果有专业护士或医生的指导，贴上了护脐贴，也可以在生后24小时或48小时就开始游泳。

游泳设备及水温

宝宝游泳必须有正规品牌的婴儿游泳圈和游泳附属设备，游泳池必须保持清洁，水质要用特殊游泳配方或洁净水，并且严格实行"一人一池水"。水温最好保持在34～38℃，最适宜的水温是36.5℃，最低不得低于32℃，室温应控制在

28℃左右。

游泳时间的选择

游泳时间应选择在喂奶前40分钟,每次游泳时间不宜过长,开始学习阶段10分钟就应出水,以后根据情况可以适当延长,最适宜的游泳时间是10~15分钟,最长不要超过30分钟。

新生儿游泳训练要安检并监护

下水前的安检:宝宝下水前,必须对宝宝颈圈进行安全检测(如泳圈的型号、保险按扣、是否漏气等);套好颈圈后,还务必要检查保险扣是否扣牢,检查下颌、下腭部是否托在预设位置,能否保证宝宝呼吸通畅;还要在宝宝肚脐上贴上防水贴,以防感染。待一切检查万无一失后才能让宝宝缓慢入水。

过程中的监护:爸爸妈妈必须全程监护,适时给宝宝安抚或回应。爸爸妈妈应观察宝宝的身体反应,如发现宝宝体温很低或其他不适时,应尽早带宝宝离水。宝宝一离开水池,爸爸妈妈应立即把他身上的水擦干,穿上衣服,即使是在夏天也应注意这一点,以免宝宝着凉生病。

宝宝的聪明"握"在你手中

如果爸爸妈妈们仔细观察自己的宝宝,就会发现:他们随时都会紧紧握住自己的小拳头。对于宝宝紧握拳头这种现象,许多爸爸妈妈也许并不在意,但妇幼保健医师提醒家长:要及时打开宝宝紧握的小拳头。

打开小拳头　开启智慧之门

手和宝宝的大脑发育关系密切。手的动作能促进神经系统的发育,而且对诱导婴儿心理发展起到了前提的作用。手指分开后,可以随心所欲地摆弄各种物品,使婴儿能够主动地学习和从事各种活动,知觉和具体思维能力得到发

育。通过手部动作,婴儿和环境产生了互动,可帮助婴儿建立自己和环境互动的概念,这种互动的经验对婴儿今后的发展意义重大。

打开小拳头 妈妈该怎么做

1. 生活时间

生活中,时常打开宝宝紧握的双拳,会让他有舒展手指的轻松感觉;洗澡的时候别忘洗宝宝的小手。把手指尖轻轻伸进宝宝的手掌里,在小手心里轻轻地来回转动,边清洗边按摩;喂奶的时候把宝宝搂在怀里,把手指伸进他的手心里,大手握小手,轻轻地摸一摸,缓缓地摇一摇;轻轻抚摸、张开宝宝的拳头,让小手掌触摸妈妈的乳房和妈妈的脸;不停地和宝宝说话。吸吮妈妈的乳汁、感觉妈妈肌肤的温暖,宝宝满足又舒服。

2. 游戏时间

(1)宝宝吃饱喝足、心情愉快的时候,可给宝宝的小手做按摩,肌肤温柔的触感能刺激宝宝触觉神经,使宝宝身心放松,小拳头很容易就松开了。

(2)拿起宝宝的手掌,轻轻掰开拇指,再将其他手指一起打开,闭拢,再打开,边做边说话、唱歌。握住宝宝的手指,轻轻地一根一根打开,再一根一根合拢,轻柔地抚摸。

(3)鼓励宝宝频频"出拳",练习手眼协调能力,让宝宝触碰、抓拿东西。

Chapter 2

天才宝宝英才控

——6月~1岁宝宝智力开发

益智饮食

让宝宝越吃越聪明的食物

婴幼儿期是宝宝脑部发育的关键时期,父母在这个时候给宝宝提供适量的益于大脑发育的食品非常重要。下面就给父母们介绍几种能够让宝宝越吃越聪明的食物,父母可以在宝宝的辅食中适量添加。

小米

小米中含有的蛋白质、脂肪、钙、磷、铁等比大米等其他谷类食品多,氨基酸和维生素的含量也很丰富,尤其是维生素。而且,小米中的粗纤维的含量比较低,比较适合宝宝食用。

鸡蛋

鸡蛋中所含有的组氨酸、卵磷脂可以增加大脑中乙酰胆碱的释

放量,从而提高宝宝的记忆力和接受能力。

大豆

大豆是植物性食物中蛋白质含量最高的,而且它所富含的磷脂是成就聪明大脑的重要物质。它还含有铁和维生素等营养物质,能增强和改善宝宝的记忆力。

鱼类

鱼类食物中含有丰富的不饱和脂肪酸二十二碳六烯酸（DHA），尤其是深海鱼。DHA是促进大脑发育的重要物质之一。鱼类食物中的球蛋白、白蛋白、大量不饱和脂肪酸及丰富的钙、磷、铁、维生素等可增强和改善宝宝的记忆力。

肝脏动物的肝脏是它储存养料的重要器官，含有丰富的营养物质，尤其是铁；维生素A的含量也远比奶、蛋、肉、鱼高；肝脏中还含有维生素B_2及其他多种微量元素，能增强人体的免疫能力。此外，肝脏中还含有对提高记忆力有帮助的胆碱。

核桃

核桃被称为"益智果"，是补脑益脑的佳品。核桃含有丰富的脂肪和蛋白质，而脂肪里的大量亚油酸和亚麻酸能促进血液净化，保证源源不断地为大脑提供新鲜血液。常给宝宝吃核桃仁有助于增强他的记忆力，提高他的智力水平。

维生素对宝宝的益智作用

维生素对人体的生理活动及生长发育有着极其重要的作用。维生素能参与酶类系统活动，调节体内的代谢过程。虽然人体对维生素的需求量极小，但大多数维生素都需要从食物中获得，如果膳食结构过于单一，就会导致体内维生素的缺乏。

维生素分为脂溶性及水溶性两类，维生素A、维生素D、维生素E、维生素K属于脂溶性维生素，可储存于体内，不需要每日供给；而维生素C及B族维生素则属于水溶性维生素，不能存储于体内，必须每日供给。

下面给爸爸妈妈们介绍几种维生素的营养功能。

维生素 A

维生素 A 有增强免疫力、防止细菌侵入、促进大脑发育的作用。维生素 A 主要存在于动物性食物中，比如肝脏、蛋黄、牛奶、鱼肝油等。另外红、黄水果和蔬菜中的胡萝卜素被人体吸收后可以转化成维生素 A，代表性的食物有胡萝卜、黄瓜、苹果、柿子等。

维生素 C

维生素 C 能维持细胞间质、结缔组织、牙齿及骨骼的正常发育，增强机体抵抗力，还有助于铁的吸收。维生素 C 是使脑功能敏锐的重要营养成分。新鲜蔬菜中的维生素 C 含量最多。

维生素 E

维生素 E 可促进人体的生长发育，保持大脑活力。缺乏维生素 E 会引发宝宝的智力障碍或情绪障碍。维生素 E 在动物食品、花生中的含量较多。

维生素 B_{12}

维生素 B_1、维生素 B_2、维生素 B_6、维生素 B_{12} 同属 B 族维生素，其中维生素 B_{12} 会参与碳水化合物和蛋白质的代谢，可促进细胞的发育和成熟，同时还能维持神经和智力的发育。维生素 B_{12} 在动物肝脏、瘦肉、鱼肉以及鸡蛋中的含量较多。

宝宝吃芝麻酱好处多

爸爸妈妈们或许想不到，平时当成调味品的芝麻酱，对小宝宝来说却是上好的食品。因为，芝麻酱营养丰富，所含的脂肪、维生素 E、矿物质等都是儿童成长所必需的营养元素，其所含蛋白质比瘦肉还高；含钙量更是仅次于虾皮。所以，经常给宝宝吃点芝麻酱，对预防儿童佝偻病以及促进骨骼、牙齿的发育大有益处。芝麻酱含铁丰富，宝宝 6 个月后，容易出现贫血，常吃点芝麻酱，可起到预防缺铁性贫血的作用。此外，芝麻酱含有芝麻酚，其香气可起到提升食欲的作用。

因为芝麻酱是芝麻制成的泥糊状食品，因此当宝宝六七个月大添加辅食后就可以吃了。如将其加水稀释，调成糊状后拌入米粉、面条或粥中。1 岁以后，可用芝麻酱代替果酱，涂抹在面包或馒头

上,还可以制成麻酱花卷、麻酱拌菜等。

但要注意的是,给1岁以内宝宝吃的芝麻酱里不要放盐;1岁以后的,也要少放盐,以免加重肾脏负担。过多摄入糖对宝宝健康不利,因而麻酱糖饼不建议宝宝多吃。

吃芝麻酱,要控制好量,小宝宝一般一天吃10克左右,约为家用汤匙的1勺。此外,宝宝腹泻时,暂时不要吃,因为芝麻酱含大量脂肪,有润肠通便作用,吃后会加重腹泻。

妈妈们买芝麻酱时,应尽量避免选瓶内有太多浮油的,会相对比较新鲜。买回的芝麻酱要放在避光处保存。

宝宝吃点心要挑对时间

很多宝宝都喜欢吃点心,点心的品种有很多,蛋糕、布丁、甜饼干、咸饼干等都是点心,都可以给9月龄的宝宝吃。但是不能给宝宝吃得太多,否则容易养成宝宝不爱吃其他食物的毛病。

点心一般都很甜,所以要注意食用后清洁宝宝的牙齿,可以给宝宝喝些温水,或者教宝宝漱口,或者教宝宝刷牙,总之要保护好宝宝的牙齿。另外,给宝宝吃点心还应注意一点,即不是宝宝随时想吃就随时给,最好定时。下午3点左右宝宝喝牛奶的时候给宝宝一些点心吃是可以的。但是肥胖的儿童最好不要吃这些点心,可以给宝宝吃一些水果,或者喝些酸奶。

宝宝最好一岁后再吃盐

很多宝宝从4个月以后就开始添加辅食,为了让宝宝吃得香,一些家长习惯给宝宝的食物中加盐。专家提醒,宝宝饮食加盐不宜太早,最好一岁后再加盐。

专家指出,很多人习惯高盐饮食,因此钠摄入量超标,结果导致高血压频发。因此,最好从宝宝婴幼儿时期就养成清淡饮食的习惯,少吃太咸的食物。最好在宝宝一岁之后再在食物中添加盐,而且稍微有点咸味就可以。大人千万不要用自己吃着合适来衡量宝宝的加盐量,因为小儿的味觉和大人不同,小儿味蕾发育还不成熟,对大人合适的盐味,对于宝宝来说可能就太咸了。

有的家长担心少加盐宝宝钠摄入量会不足,影响宝宝的成长发育。其实很多蔬菜、水果等食物中都含有钠,自给宝宝添加辅食起,宝宝就已经从辅食中摄取了足够的钠,因此没有必要过早给宝宝的食物中加盐。

行为开发

耐心"打造"聪明宝宝

小宝宝很早就会拍手的动作，但是爸爸妈妈说"鼓掌"，他们会一点儿反应都没有——因为他们还没有把动作和相应的语言符号联系在一起。宝宝6个月以后，父母就可以着手开始训练宝宝了，爸爸妈妈们可以这样做：只要宝宝无意中做拍手这个动作，爸爸妈妈就说"鼓掌"。连续几天后，宝宝就知道了这两者之间的联系。爸爸妈妈一说"鼓掌"，他们就会拍手。对宝宝的行为表示赞许时，爸爸妈妈就为宝宝鼓掌。10多天后，宝宝就会知道"鼓掌"可以用在什么时候了。

如果把教宝宝鼓掌的行为上升到理论层面的话，就是对宝宝进行强化训练。

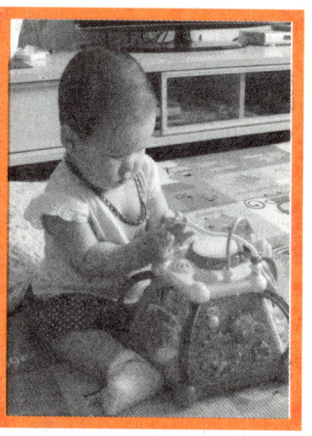

如果爸爸妈妈对宝宝的某种行为表示否认、反对甚至对其惩罚时，这种行为就会削弱或消失，因为宝宝得到的是负强化。其实，家长在鼓励或制止宝宝的某些行为时，时常会用到这两种方法，只是有些爸爸妈妈负强化用得多，对小宝宝也是制止、禁止的方面更多，对正强化的效用则没有充分重视。

正强化的关键是发挥宝宝自己的主体性,其威力不可低估,它既是一种让宝宝掌握更多知识的捷径,也是一种有效的管教方法。

教宝宝学认日常用品

6个月以后的宝宝认知能力得到了提高,面对这个丰富多彩的世界,他开始想要认识周围的日常事物了。

认物一般分为两个步骤:一是学会听物品名称后注视,二是学会用手指认。刚开始指给宝宝认东西时,他可能会东张西望,但父母一定要想办法吸引他的注意力,每天至少要指给宝宝看4~5次。通常宝宝学会认第1种东西要用15~20天的时间,学会认第2种东西时要用12~16天,学会认第3种东西用12~14天。

宝宝也有可能只用10天就学会认识一件东西,但这要看父母是否敏锐地发现了让他感兴趣的东西。宝宝对自己越感兴趣的东西,认得就越快。

要让宝宝一件一件地学,不要同时认好几件东西,以免延长学习时间。

当宝宝听到一个物品的名称后就会立即开始主动寻找并注视时,说明他已经能将名称与特定的实物联系起来了。教宝宝学认东西要注意五点:一是要一件一件地教,避免混淆;二是要挑选宝宝当前最感兴趣的东西教;三是要多重复,认一种东西至少要重复十几遍甚至几十遍才有效;四是要使用简洁、正规的语言,如汽车就说"车"而不说"滴滴",电灯就说"灯"而不说"亮亮"等;五是要对同一类东西提供不同的花样,例如"灯",可以从开始只认识吊灯到逐渐认识台灯、壁灯、路灯、车灯等,使宝宝逐步理解"词"的概括作用,发展他的思维能力。

只要教的得法,宝宝6个半月

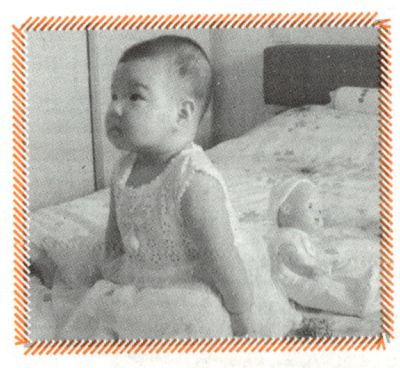

时能认识2~3种物品；7~8个月时，如果你问："鼻子呢？"他就会笑眯眯地指着自己的小鼻子了。

认识自己的身体部位

大多数宝宝在1岁时都能用手指出自己的鼻子、眼睛了，现在不仅要求宝宝能指出来，还要说出来。

多数宝宝由于经常找不准要发的音，因而说不出身体各部位的名称，这时妈妈可以帮助提醒一下，让他多练习几次，这样印象就会加深了。

妈妈可与宝宝玩"小手在哪里"的游戏，让宝宝听口令"举手、藏手、伸手"来教宝宝发"手"的音。

妈妈伸出手来与宝宝握手，并挠挠宝宝的手心，告诉宝宝："大手拉小手，大手小手拍一拍。"妈妈还可以在宝宝手上涂色，让宝宝印手印，以加深对手的认识。

妈妈和宝宝面对面坐着，捏捏宝宝的手说："宝宝的小手，手，手。"再捏捏宝宝的脚说："宝宝的

小脚，脚，脚。"引导宝宝注意自己的手、脚。然后再打开宝宝的手掌，唱手指谣："小不点儿睡着了，小胖子睡着了，大个子睡着了，妈妈睡着了，爸爸睡着了。"

同时，分别按下小指、无名指、中指、食指、大拇指。

给宝宝洗澡时，妈妈可以告诉宝宝："宝宝，来和小鸭子一起洗澡了。"然后妈妈可以从宝宝的头部开始洗，同时配合儿歌："小宝宝来洗澡，洗头发（搓宝宝的头发），洗脸蛋（擦洗宝宝的脸蛋），洗胳膊（搓洗宝宝的胳膊），洗肚皮（洗宝宝的肚皮），洗小腿（搓洗宝宝的双腿），最后洗洗小脚丫

（搓洗宝宝的脚丫）。"这样可以巩固宝宝对身体各部位的认识。

手指灵活的宝宝更聪明

现代医学研究证实了人体内的各个器官，都在大脑皮质中有相应的"代表区"，而手指的运动中枢在大脑皮质中又占据了较为广泛的区域，这些区域的神经中枢都是由神经细胞群组成的。当一个人的双手从事精细、灵巧的动作时，能够激发这些细胞群的活力，使动作和思维的活动能保持有机的联系后相互对应。因此，手的动作越复杂，就越能积极地促进大脑的思维功能。有关教育家指出："儿童的智力发展体现在手指尖上。"那么，爸爸妈妈如何帮助未满周岁的宝宝活动双手呢？

爸爸妈妈可以在宝宝睡醒后

的活动时间里，给宝宝递一些彩色鲜艳的易于拿、抓的玩具，让小婴儿练习抓、拿的准确性。有人曾在托儿所里做过这样的实验，把未满周岁的婴儿分成两组：一组有意识地让婴儿进行抓、拿等训练，另一组任其自然发展。结果无论是反应能力还是理解能力，前一组都比后一组强得多。所以，爸爸妈妈千万别忽视了小宝宝的手指锻炼。

宝宝撕书，爸妈别愤怒！

第1次给宝宝做亲子阅读，可宝宝拿起书就撕开了，你的第一反应是什么？大声制止？视而不见？还是有更巧妙的方法？许多家长通常会斥责宝宝不能撕书，应该爱护它，或者干脆把书收起来，因为宝宝听不进去。其实，大人没有能理解宝宝撕书的行为。专家指出，这个阶段的宝宝还没真正到"早期阅读"的阶段，这是他们在锻炼手眼协调能力呢！可是，毕竟是花钱买来的书，总不能这样浪费吧？别急！聪明的妈妈自有聪明的办法，赶紧来看看吧！

当宝宝第1次撕书

很多家长会给宝宝做亲子阅读,在亲子阅读的过程中,难免都会遭遇宝宝撕书的情况。当宝宝第1次撕书时,大部分家长都是大声斥责,并告诉宝宝:"书,是不能撕的!"但往往收效甚微。

育儿专家指出,宝宝开始喜欢书通常在9个月龄,这个月龄前后,宝宝还没有真正到"早期阅读"的阶段,他们更喜欢练习手眼协调能力。

在他们的眼里,撕书就是一种学习过程。他们不能理解妈妈"要爱惜书本"的理念,也不知道书是花钱买来的,撕掉了浪费钱。

此阶段的宝宝特别喜欢撕书,这实际上是在练习左右手的反向运动,以及与视觉的协调能力。他们会一遍又一遍地撕,品味手指捏纸以及用力的感觉,并很有成就感。

如果家长能够理解宝宝这是一种学习的行为,就不会斥责宝宝,或者制止他们的学习,而是作为欣赏者,对宝宝每次撕的动作进行鼓励,让宝宝把撕的练习运动完成得更好。

当然,花钱买的书,这样被"破坏"一定于心不忍,实际上有简单的办法,就是给宝宝换书,不用的杂志书报,让他撕个够。当宝撕的动作得到充分练习后,他们就不会再撕书了。

那么,这个阶段还要不要给宝宝看书呢?此阶段宝宝确实没有早期阅读的能力,但是应让他们感到接触图书是日常生活中必有的事,这种"习以为常"将是宝宝今后养成早期阅读习惯的重要基础。

随着宝宝的成长,理解能力的逐步加强,他们会喜欢听妈妈讲故事,做角色扮演。当他们发现妈妈许多好听好玩的内容都来自于这些书时,就会对书抱有强烈的认知愿望,经常要妈妈给他们阅读,这样循序渐进地坚持下去,等宝宝2岁时,通常会认识500个以上的文字。到3岁,通常会认识1000个以上的文字。这些都是宝宝被自身认知欲望驱使所产生的学习成果。

 ## 语言开发

开发宝宝说话的潜能

在宝宝半岁以后,爸爸妈妈可以用一些小游戏来激发宝宝说话的欲望。随着宝宝的说话能力渐渐萌生,爸爸妈妈得尽量让宝宝多认识和体验身边的人和事物。爸爸妈妈可以选择冬天没风、夏天清晨或傍晚的时候带宝宝外出散步,可以告诉他小鸟在歌唱、小猫在洗脸、小狗在打架、大哥哥踢球跳绳等,这些都会引起宝宝的兴趣。

不能外出的时候,妈妈就带着宝宝在家里散步吧,看看亮亮的电灯,摸摸玩具小熊的绒毛毛,照照

镜子,听听小钟的滴答声,但一定要不断地和宝宝说话才行。

摸摸妈妈的脸认识人体各部分器官,强化宝宝的自我意识,也能帮助宝宝尽早开口说话。

随着月龄的增加,宝宝的表情越来越丰富了,他开始关心周围的人,喜欢和别人沟通,也喜欢别人逗他。他最喜欢的人还是妈妈,妈妈可以拉着宝宝的手,让他摸摸妈妈的鼻子、嘴巴,告诉他"这是妈妈的脸,这是妈妈的鼻子",最后还可以把宝宝的双手贴在妈妈的脸上,让他轻轻抚摸和拍拍妈妈的脸。妈妈还可以和宝宝玩"小熊的鼻子、眼睛在哪里"的游戏。

努力开发宝宝的语言天赋

语言是人们用以沟通和交流的工具,是传递信息的载体。语言智力则是指一个人获得和使用语言的能力,包括语言接受能力和语言表达能力。人类的记忆力、注意力、观察力、理解力、想象力、概括能力以及抽象思维能力的提高和拓展都依赖于语言智力的发展。

语言学习不仅能提高宝宝的大脑质量,还能培养和提高宝宝的学习兴趣及热情,使宝宝从小就形成良好的学习能力。

宝宝生来就具有获得语言的

潜能,这种潜能存在于自身的器官和智力天赋中。但影响宝宝语言智力发展的最重要的因素是语言环境和爸爸妈妈的教育方法。宝宝身处的语言环境是爸爸妈妈与宝宝共同构成的,爸爸妈妈应该为宝宝创造一个动态的、亲子双方都积极参与的语言环境。认识事物是从名称开始的,宝宝只有知道这是什么才会知道要怎么说,爸爸妈妈应多给宝宝准备一些他感兴趣的玩具、物品等,并引导宝宝在游戏的过程中说出它们的名称和功能。另外,爸爸妈妈还要经常带宝宝到户外去,并鼓励宝宝多与人交往,从而不断丰富和充实宝宝的语言经验,增强宝宝学习和表达语言的愿望。

宝宝的语言智力的发展离不开爸爸妈妈积极的引导和科学的训练,只有这样,开发宝宝的语言智力才不会成为一句空话。

对宝宝进行语言能力训练

只要宝宝的声音有音调、强度和性质等方面的改变,就说明他在为说话作准备。当他说话时,妈妈的反应越强烈,就越能刺激宝宝进行语言交流。同时父母还应对宝宝进行一些语言能力的训练。

图书是一种学说话的工具,宝宝也非常喜欢父母陪自己看书,喜欢听父母给自己讲书中的故事。图书的画面要清楚,色彩要鲜艳,图像要大,人物的对话要简短生动并多次重复出现,以便于宝宝模仿。父母应每天坚持给宝宝念儿歌、讲故事、看图书,并可采取有问

有答的方式讲述图书中的故事。时间长了,宝宝自然会对图书越来越感兴趣,这会给语言学习带来相当大的帮助。

这个阶段的宝宝已经能说出一些单字了,当宝宝说出一个字时,如"球",妈妈可再加字组词,比如"气球"、"皮球"、"红球"等,并鼓励宝宝去选择。

可以用词义联想的方法训练宝宝的语言能力。如"妈妈"这个词就可联想出各种含义,宝宝叫一声"妈妈",妈妈可以理解成"妈妈抱"、"妈妈拿饼干"、"跟妈妈玩"等。再比如,当宝宝看到爸爸的衣

服时，他会指着衣服说"爸爸"，这时妈妈应该说"对，这是爸爸的衣服。"用词义联想的方法扩展宝宝的语言，加深宝宝对已有词的印象。

为什么有些宝宝说话晚？

引起语言发育迟缓最常见的原因是智力低下。智力与语言有着极为密切的关系。智力低下的小儿不能注意别人对她说什么，精神不能集中，模仿能力也差，不能

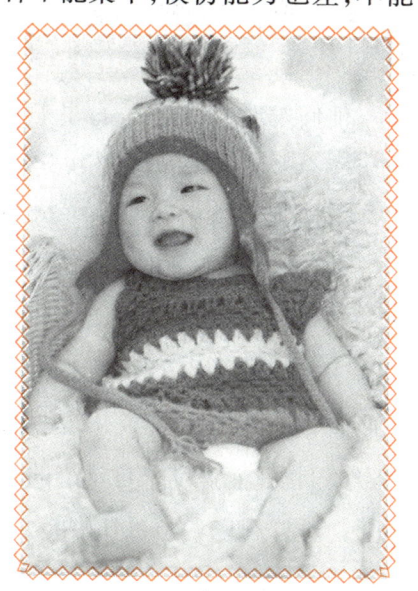

表达和理解词的意义，有时虽然也能说清楚某个词，但不久又忘掉了。

听力缺陷也会影响语言的发育。严重听力丧失的小儿无法学习说话，听力丧失不太严重时，还可以看到别人的口唇动作学着发音。口形变化明显的相对容易学，如"波、夫、呜"等；但对一些依靠舌头运动发出的声音，如"哥、勒、儿"，学起来就困难了。若在会说话以后出现听力障碍，一般不会影响说话。

家庭因素与说话早晚也有关系。有些宝宝智力发育正常，又没有听力障碍，也没有其他疾病，就是说话晚，这种情况可能与家族遗传有关，爸爸妈妈小时开口说话可能就晚。口腔疾患，如唇裂、腭裂、舌系带过长等，都不会造成说话迟缓，在未修补前，仅仅影响语音的清晰程度。

模仿发音，理解语言

宝宝生来就具有模仿能力，模仿是宝宝成长的开始，宝宝正是通过模仿来学习发声、手势、表情和动作的。模仿必须要面对面，在这个阶段父母要鼓励宝宝进行模仿发音，以进一步促进语言能力的

发展。

妈妈或爸爸抱起宝宝,在他面

前做出张嘴、吐舌或其他各种表情,并用亲切温柔的声音和宝宝"谈话",让他注意到你的口型和面部表情,渐渐地宝宝就会发出应答似的声音来和你"交谈"了。妈妈或爸爸还可以用夸张的表情模仿小动物的叫声给宝宝听,拟声词很容易引起宝宝的兴趣。

妈妈和宝宝面对面坐着,妈妈握住宝宝的两只小手,教他对拍,边拍边说:"拍拍手。"然后不握他的手,看他能不能自己拍。同样的方法可以用来教宝宝做点头的动作。这可以锻炼宝宝理解语言的能力和模仿力。

###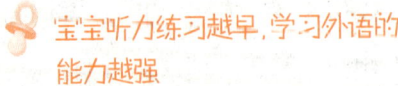
宝宝听力练习越早,学习外语的能力越强

想让宝宝上学后拥有良好的语言学习能力吗?最好在他长到9个月之前,让他听听外语!据英国《报》报道,英国研究人员发现,宝宝听力练习越早,上学或成年后学习外语的能力越强。

英国布里斯托尔大学的心理学家尼娜·卡扎尼娜领导了这项研究。

他们发现,大脑在发育早期会经历一个"编程"阶段,以决定人成年后识别语言中关键语音的能力。卡扎尼娜说,婴儿在出生时具有辨别英语、希腊语和汉语等各种语言语音的能力。但如果只让婴儿听母语,不听外语,到9个月大时,他们就只能识别来自母语的元音了。这样在以后学习外语时,大脑就会试图根据母语来学习外语中的语音。这虽然对于母语学习很有利,却会影响外语学习能力的发展。"大脑通过母语认知方法对其他语言进行分类,容易产生语言学习障碍。"

研究人员表示,爸爸妈妈应在宝宝出生后9个月内让他们适当多听几种语言,即使不去学习,也有助于大脑发育。

与宝宝说话能促进智力发展

"千万不要以为刚出生的婴儿听不懂而不去和婴儿交谈。他们比我们通常认为的要聪明得多。"专家提醒:和宝宝多聊天,有益于宝宝的智力发展。

和婴儿说话并非"对牛弹琴"

最近,美国普林斯顿大学的心

理学教授进行的实验表明:不到半岁的婴儿已经能听懂几个词。如果一段话中有一个婴儿熟悉的词,那他听懂的就会更多。实验同时表明,18个月的宝宝虽然通常只能一次说出两个不相连贯的词,但已经能理解语法正确的句子。

了解这一点对爸爸妈妈来说至关重要。爸爸妈妈应该在小宝宝出生以后,就经常和他说说话。这对宝宝语言的发展和智力的开发具有重大意义,这也是爸爸妈妈对宝宝应尽的一份责任。

电视机不能代替聊天交谈

据报道,研究人员跟踪了约1750名儿童从婴儿期至7岁的情况。研究发现,母亲的受教育程度、收入、精神健康对宝宝学会说话时间的早晚都没有影响。早产和出生时的体重可能影响婴儿学会说话的时间。爸爸妈妈亲切温和辅以爱抚的话语,对婴幼儿的语言、智力发展会产生良好的刺激。

和婴儿说话时声音要柔和,最好面对面和宝宝说。10个月以后,家长还可以跟宝宝一起读儿歌、讲故事。家长可以把自己和宝宝正在做的事情作为重点,然后大声地予以描述:"我已给你准备好了洗澡

水"、"我现在要去给你准备晚餐"、"我们得去商店了"等等。

通过电视让婴儿学话是达不到目的的。因为人与人之间的感情联系是不能用电视取代的。而且,电视的声音会作为一种杂音影响母亲的声音。所以为了教婴儿学话,最好不要开电视。

婴儿脑力发育先从倾听开始

婴儿出生后大脑发育的主要活动范围是在大脑皮质进行的。根据成熟的顺序,可将大脑皮质分为4个主要区域:枕叶——视觉能力;顶叶——触觉和空间能力;额叶——听觉和语言能力;额叶有两个部分,一是运动皮质,协调肢体运动,二是前额皮质,其功能是理解、记忆、判断,这要在宝宝长到十几岁以后才会有较大的发展。婴儿的大脑发育、成长依赖于对上述五种感官的刺激。

可以说,爸爸妈妈是宝宝与复杂的外界环境之间的重要桥梁,父母要借助各种材料帮助宝宝听到大千世界的声音,为建造"智慧大厦"打下良好基础。

倾听奇妙的世界

新生儿能够区分声音的频率和高低,能够分辨出不同声音,甚至还能够感觉到声音和音乐的节奏,因此,来自外界环境的声音对宝宝的听觉系统发育很有好处,而且,适当的听觉刺激会促进宝宝在情感上与人的沟通及语言方面的发展,并有助于培养宝宝积极的接受外界事物的态度。

婴儿对声音的偏好

一个评价婴儿听力的研究指出:婴儿在接收了适宜的声音刺激

之后，会呈现出安静的状态，如果再持续发出愉快流畅、吸引婴儿的声音，并且依着婴儿的动作去调节某些音调和节奏，婴儿也会去调整自己的身体动作，并试着与声音节奏一致，这对于婴儿的学习，与外界环境的互动，激发宝宝的好奇心有很大的帮助。但是需要注意的是，当婴儿听到的声音过分吵闹、尖锐、刺激或不愉快时，会让婴儿受到惊吓，心跳和呼吸的速度加快，他们的大脑听觉系统会排斥这些声音，而把头部转离声音处，这对大脑发育极为不利。所以，爸爸妈妈从婴儿出生之后，一方面要经常反复地给宝宝说些简单上口的童谣，唱好听悦耳的歌曲，说充满爱的话语，另一方面也要观察婴儿听到各种声音之后的反应与身心状态，这对宝宝的听觉、情绪、动作等的发展都有极大的好处。

提供适宜的听觉刺激

听音乐: 方法是妈妈在哄宝宝吃奶，或者妈妈宝宝躺在床上睁大眼睛看世界时，或者妈妈怀抱宝宝哄他高兴时，播放一段旋律优美、舒缓的乐曲，最好是胎教时播放的音乐，可以训练宝宝的听觉、乐感与注意力。

说悄悄话: 宝宝睡醒之后母亲用温柔缓慢的音调对宝宝说一些悄悄话，每天2～3次，每次2～3分钟，这可以为宝宝提供听觉刺激，并促进亲子交流。

摇铃铛: 在宝宝头部上方挂一个铃铛，在他头部两侧摇铃铛，节奏要快慢适中，音量也要大小适宜，观察他对铃声的反应，通过此种方法可以检验宝宝的听力，发展听觉。

唱念儿歌: 宝宝这个阶段特别喜欢节奏明快的儿歌，虽然他不懂其中的意思，但他喜欢儿歌中有韵

律的声音和欢快的节奏,每天至少唱念1~2首,每首儿歌至少唱念3~4次。

追寻声源:妈妈在婴儿房间里某个地方将玩具(铃铛、拨浪鼓、口琴等等)弄出声响,使之发出各种悦耳的声音,观察宝宝视线是否会转移到有声响的地方,每天2~3次。

叫小名:妈妈用几种语调叫宝宝的名字和其他人的名字,观察他是否在叫到名字时能够转过头来。这样做既能培养他的听力,又能训练宝宝对语言的反应。

玩"指挥家"游戏:选择一首鼓点鲜明、旋律感分明的音乐播放,然后妈妈从背后抓住他的手臂,合着音乐的节奏拍手,并随着旋律,变化手臂动作的幅度,培养宝宝配合音乐节奏的能力。

宝宝长到10个月之后,妈妈每天给宝宝唱一首简单、轻快、抒情的儿歌,每天给宝宝讲一个故事,拿一些构图简单、色彩鲜艳、故事情节单一、内容有趣的婴儿画册,在宝宝有兴趣时,用清晰而舒缓的语调给他讲故事,同一个故事要反复地多讲几遍。

运动益智

爬来爬去的宝宝最聪明

在宝宝的世界里,爬是一种极好的全身运动形式。宝宝在爬行的过程中,头颈抬起,胸腹离地,用肢体支撑身体的重量,这就同时锻炼了胸、腰、腹、背与四肢的肌肉,并可促进宝宝骨骼的生长,可为日后直立行走打下良好的基础。

爬行对于宝宝的智力开发有

较大的促进作用。宝宝在襁褓中时,能听到、看到的刺激不多,但当宝宝爬行时,他的视听范围就扩大了,思维、语言与想象能力也得到了发展与提高。研究表明,宝宝早爬行可促进大脑发育,开发智力潜能,加强大脑对手、眼和脚的控制,同时对协调神经发育也有极大的益处。

会爬、早爬与多爬的宝宝比不喜欢爬行的宝宝动作更灵敏、协调能力更好、懂事快、求知欲强、爱接触新事物,同时,看图识字、语音构成与发声说话能力,甚至日后行走、跑步的平稳程度等均好于迟爬或爬动少的宝宝,由此可知宝宝越早爬越聪明。

爸爸妈妈有必要逐渐训练宝宝的爬行能力,这里有个方法可供爸爸妈妈参考使用。宝宝空腹时,让他俯卧在床上,妈妈用手掌顶住宝宝的脚板,宝宝会自动地蹬住妈妈的手往前爬。也可以在宝宝前面不远处放些他喜欢的玩具,以吸引他爬过去取,待宝宝快拿到时,妈妈可把玩具再放远点。一开始宝宝还不会用手使劲,腹部也不能离开床,但是慢慢地宝宝就能用手脚协调用力以匍匐前行了,然后再学会用膝盖和手掌一起协调着爬行。

把玩具放进去拿出来

由于身心发展特点的不同,各个年龄段的宝宝喜欢的玩具也不同。玩具分为很多种类,大致为益智类玩具、动作类玩具、语言类玩具、建筑玩具、模仿游戏类玩具等。父母和宝宝一起玩玩具的时候,不要把游戏设计的太复杂,简单的游戏也能教会宝宝很多道理,比如教宝宝把玩具拿出来和放进去。

在练习放下和投入的基础上,

求宝宝把他认识的某个物品放进盒子里,然后关上盒子摇一摇,再打开盒子取物,如此反复进行。

小游戏益智大用处

一、气球跳跳跳

游戏目的:

这种活动能使宝宝更好地理解因果关系。

妈妈可以将宝宝的玩具一件一件地放进"百宝箱"里,边做边说"放进去",然后再边说"拿出来"边把玩具一件一件地拿出来,并让宝宝模仿。这时,还可以让孩子从一大堆玩具中挑出一个来(如让他将小彩球拿出来),可以连续练习几次。这样不仅能促进宝宝手、眼、脑的协调发展,还可增强宝宝的认知能力。

妈妈还可以把宝宝喜欢的小玩具放进一个盒子里,然后在宝宝面前摇摇盒子,问:"咦,盒子里面什么在响?"并引导宝宝打开盒子,让宝宝把盒子里的玩具拿出来。妈妈也可以用指令性语言要

游戏步骤:

(1)准备好几个红色的气球。

(2)将宝宝放在一个长桌子上,与你面对面。

(3)吹起一个气球,然后用手轻轻拍拍它,告诉宝宝,这就叫拍气球。

(4)把气球给宝宝,让他学着拍。

游戏互动：

宝宝见到你吹起一个气球时，会很好奇。这个时候你把气球轻轻的拍几下，宝宝就会知道这个气球是用来拍的。当把气球拍给宝宝时，宝宝会有些无措或者会直接扑上去。爸爸妈妈要诱导宝宝"像妈妈这样拍拍"，拿着宝宝的小手让他拍几下，然后让宝宝自己拍。爸爸妈妈见到宝宝努力拍的时候，要给宝宝鼓励和赞美。如果宝宝做不好，就要反复做这一动作，直至宝宝会模仿为止。

二、铃儿响叮当

游戏目的：

铃儿的响声会吸引宝宝的注意力，有助于他们探索因果关系。

游戏步骤：

（1）准备一个可以松紧的腕套，一个小铃铛。

（2）在一个腕套上套一个小铃铛，然后将腕套套在宝宝的手腕上。

（3）让宝宝摇铃发出声音，并且帮助宝宝挥动手臂。

（4）念儿歌，儿歌的节奏会让宝宝更加容易掌握摇铃铛的节奏。

游戏互动：

当把腕套套到宝宝的手腕上时，宝宝会感到很奇怪。这个时候爸爸妈妈可以帮助宝宝摇摇手腕，听到铃声响起来，爸爸妈妈要做出仔细聆听的样子，宝宝就会知道要摇动手腕听声音。爸爸妈妈趁宝宝摇铃的时候，念儿歌。铃声和儿歌的节奏相和，这会让宝宝感到很兴奋。

三、一样的颜色

游戏目的：

训练宝宝观察模仿的能力，增强宝宝的视觉和运动协调性。训练宝宝手与上肢的运动能力。

游戏步骤：

（1）准备好一堆塑料球，一部分红色，另一部分黄色。再准备两个纸盒子,一个红色,另一个黄色。

(2)游戏需要爸爸、妈妈和宝宝共同参与。爸爸独自坐在一边,妈妈搂着宝宝坐在相对的另一边。爸爸和妈妈之间的距离控制在2米左右。

(3)在爸爸的面前放黄色的盒子,在妈妈和宝宝的面前放红色

的盒子。在中间放上红色和黄色的小球。

(4)由爸爸先做示范,爸爸走到中间,拿起球,把红色的小球放进红色的盒子里,把黄色的小球放进黄色的盒子里。

(5)在妈妈的指导下让宝宝来做。最初宝宝并不熟练,但多做几次就可以让宝宝独自进行了。

游戏互动:

宝宝刚开始见到爸爸把球放进盒子里不知道什么意思,妈妈这个时候可以握着宝宝的手来做一遍,这会让宝宝产生模仿的思维。然后爸爸观察宝宝的情绪,如果宝宝很迷惑就要重复几遍动作,如果宝宝开始惊奇和兴奋,妈妈则要帮助宝宝把小球放进各种盒子里,然后称赞宝宝聪明。这样,宝宝就会爱上这个游戏。

 爬行可促进宝宝脑部发育

先爬后走的宝宝脑部智力发育优于直接走路的宝宝。

现在的城市中,有相当一部分宝宝,在发育过程当中没有经历过"爬行",就直接开始学走路了。"城市家庭一般房间狭小,很多宝宝只能在床上活动。"再加上很多爸爸妈妈对宝宝呵护有加,担心在地上爬"太凉"或"太脏"或是磕碰着,没有刻意让宝宝学过爬,还有的爸爸妈妈无暇顾及宝宝,老是让宝宝坐进学步车中,让他们自己学习走路,使宝宝根本没有学习爬行的机会。健康的宝宝只要经过训练都能独立爬行,有的宝宝不会爬,是家长有意无意间剥夺了宝宝学爬的机会。

爬行促进脑部发育

"虽然没有数据表明经历过爬的宝宝一定比没有经历过的宝宝聪明,但爬能促进宝宝脑部发育已被医学界公认。"爬行训练可以加强前庭与感觉系统的统合,使身体感觉灵活,能促进脑的发育。

宝宝爬行时,左右肢体交替轮流运动的冲动通过脑桥交叉,使整个大脑都在活动,特别是可以锻炼小脑的平衡能力,并且运用手眼脚协调,促进粗细动作技巧,将来有助于书写、阅读和运动技能的发展;爬行必须统合感官信息和手眼脚配合,才能了解周遭环境和前进,这些刺激可发展宝宝的空间概念及距离感,宝宝也可借爬行知道身处何处,以及如何避开障碍物;爬行还能增进母子交流,促进宝宝语言的发展;爬行使宝宝能随自己的意志移动身体,加大了接触面,扩大了宝宝认识世界的范围,促进认知能力的发展,有利于思维和记忆的训练。

另外,宝宝在爬行时,头颈仰起,胸腹抬高,靠四肢交替轮流抬起,协调地使身体负重,从而锻炼了胸腹、腰背、四肢等全身大肌肉活动的力量。因此,爬行是一种综合性的强身健体活动,并且为宝宝的站立和行走打下了坚实基础。

宝宝学爬要点提示

"从医学的观点而言,只要宝宝的其他发育并未落后,就说明宝宝是正常、健康的。"但是如果爸爸妈妈已经知道爬行对宝宝的好处如此之多,就不应该再被动地等待了,应该积极地、有意识地引导宝宝学会爬行。

首先要给宝宝开辟一个适合"摸、爬、滚、打"的场地,这个地点当然不能是狭小的床,而应该是一大片铺有地毯或软垫、除去所有危险物品的空间。在帮助宝宝练习爬行时,先让宝宝趴下,成俯卧位,把头仰起,用手把身体撑起来,家长把宝宝的腿轻轻变弯放在他肚子下面。在宝宝的面前,放一些会动的、有趣的、色彩鲜艳的玩具,引逗他爬行。

有些宝宝一开始会出现倒爬现象,家长可以用手在宝宝脚掌上轻轻推一把,帮助宝宝理解如何向前运动。有的宝宝爬行时腹部无法离地,家长可用毛巾提起宝宝腹部,让他练习手膝爬行,待宝宝四肢肌肉结实,能支撑身体重量时就能渐渐学会爬了。

至于宝宝爬行的姿势,在爬行初期都不是很协调,如踮着脚爬、匍匐爬、横着爬、拖着一条腿侧身爬等,这些都是正常的,经过一段时间的训练,肌力和身体协调能力有所提高之后,动作会变得比较标准。

Chapter 3

宝宝智慧大征集

——1岁~1岁半宝宝智力开发

益智饮食

适量吃醋身体棒

宝宝满1岁以后,已经基本可以食用盐、味精、酱油、米醋等调味品了,这些调味品能让宝宝的饭菜更加鲜美可口,以促进宝宝的食欲。另外,巧用米醋还能让宝宝的健康受益呢!

米醋中含有乳酸、柠檬酸、琥珀酸、葡萄糖、甘油以及多种氨基酸,还含有维生素以及钙、磷、铁等元素,在宝宝的膳食中加入适量的米醋能提高宝宝胃液中的酸度,既能增强宝宝的免疫力,还有助于消化。在烹调菜肴的时候,妈妈可以通过以下的一些方法来添加米醋。

(1)做凉拌菜时加入适量的米醋可以帮助杀菌,防止宝宝患上胃肠炎。

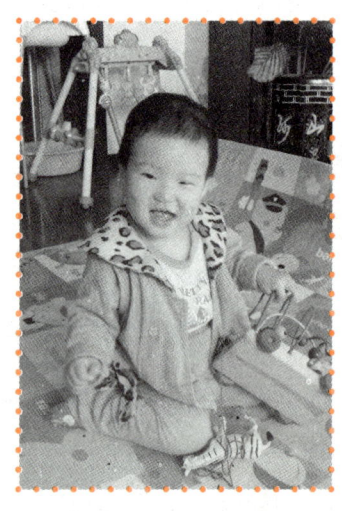

(2)煲骨头汤时适量加点米醋能促进人体对钙质的吸收,因为醋可以使骨头发生脱钙现象,这样大量的钙质就溶于骨头汤内了。

(3)做鱼时加米醋不但能减轻鱼腥味,还能使鱼骨中的钙质溶解在汤中,而且鱼肉的味道也会更香,口感更好,可谓是一举多得。

(4)炒蔬菜时适量加点米醋

能更好地保存蔬菜中的维生素C。

 合理搭配食物有利于健脑

大脑对营养的要求是非常高的,糖、蛋白质、脂肪尤其是类脂、微量元素、维生素等,都是大脑不可缺少的营养素。而在自然界中,没有任何一种食物能含有人体所需的全部营养素,因此,为了维持大脑的营养需要,就必须把不同的食物搭配起来食用。

现代营养学把食物分成两大类:一类是主要供给人体热能的,叫热力食品,又称"主食"。另一类是副食,主要是更新、修补人体的组织和调节生理功能的,又叫保护性食品,如豆制品、蔬菜等。

主食的种类也有很多,它们所含的氨基酸、维生素、无机盐的种类和数量互不相同,故不能用一种粮食作为主食,而应该做到粗细粮合理搭配。副食中的肉类、蛋类、奶类、鱼类、海产类、豆类和蔬菜等都能提供丰富的优质蛋白质和人体所必需的脂肪酸、磷脂、维生素、钙、镁、碘等重要营养素,对人体健康起着非常重要的作用。但副食在营养上也各有长短,因此也应该搭配食用或变换食用,这样才能保证人体营养的全面性。

材料:南豆腐100克,瘦肉末10克,番茄酱10克。

调料:蒜泥、葱、盐、淀粉、油各适量。

做法:

(1)将豆腐切成小丁,在热水里焯一下。

(2)炒锅加油炒肉末,捞出备用。

(3)炒锅加底油炒葱、蒜和番茄酱,然后下入肉末、豆腐、调味品,略微一炖,勾芡即可。

健脑小贴士:

豆腐含有丰富的蛋白质,其中的谷氨酸含量颇多,它是促进大脑智力发育的重要物质,宝宝常吃有益于大脑发育。

对付宝宝的自我意识

1岁多的宝宝，随着自我意识的渐渐增强，好奇心也会越来越强，但此时的宝宝还不知道什么是危险品，对一切都无所顾忌。当妈妈拔下电饭煲的插头转身去拿碗的时候，宝宝就会趁机拿起插头试图插进电源插座。这时妈妈要对宝宝说"不"，并且告诉宝宝："电是有用但又很可怕的东西，它会变成火烧到宝宝，到时候宝宝就见不着妈妈了。"这样的解释比较易于被宝宝接受。

有时候在对待宝宝的问题上，父母双方可能会持不同的意见。比如宝宝想吃糖，爸爸同意了，可是妈妈却不同意。父母的意见不同，宝宝就不知道该听谁的了。这样就容易造成宝宝的投机心理，自然会对支持他的爸爸更有好感。因此，生活中如果发生类似的情况，即使父母中有一方说得不太合理，也不要当着宝宝的面争执，父母应当先私下沟通好。

在一些问题上父母还应该坚持到底，不能跟宝宝讲条件。比如带宝宝逛街时，宝宝看到好玩的玩

具就要买,但家里已经有好几件类似的玩具了。这时妈妈就应该很坚决地告诉他"不能买",即使宝宝再怎么哭闹,也不要答应他,因为如果妈妈这次妥协了,那以后还会再次发生类似的情况。

妈妈只有在宝宝进行某些危险活动或提出不合理要求时才能说"不",其他的就不要对宝宝限制太多,否则会造成宝宝要么胆怯,要么产生逆反心理。

让宝宝学会独自玩耍

如果有一天,妈妈突然听见宝宝在客厅里自言自语,走近一看却发现小家伙正在用自己的语言和他的玩具们说话。那么妈妈就千万别打扰宝宝,这是宝宝在享受独自游戏的乐趣,这样的自娱自乐正是宝宝独立玩耍的开始。

独自玩耍可以培养宝宝的独立性与专注力,同时还能激发宝宝的创造力并提高他们的语言能力。对于1岁多的宝宝来说,刚开始独自玩耍的时间可能不会超过10分钟,然后又会满世界地找妈妈了。培养宝宝独自玩耍是一个循序渐进的过程,父母要多鼓励并耐心地帮助和引导宝宝。

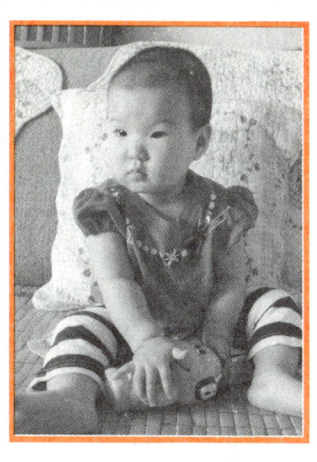

首先,父母应该给宝宝创造一个可以独自玩耍的场所,并确保宝宝独自玩耍的安全。如果宝宝喜欢坐在地板上玩,父母就要保证地板的清洁,还要检查地板上和角落里是否遗留小硬物或带有尖锐角的小物件。尤其要注意的是,墙上的电源插座孔一定要遮盖好。

其次,父母要根据宝宝的兴趣来丰富宝宝独自玩耍的内容,因为只要宝宝感兴趣了,他就会更加投入到自己的游戏中。如果宝宝独自玩耍时表现得很好,父母应该及时给予肯定和表扬,让宝宝知道,独自游戏是一件快乐的事。这样,当父母没空陪宝宝的时候,宝宝就

可以有意识的自己一个人玩一会儿了,父母也可以抽出时间做一些自己的事。

可以让宝宝自己玩的游戏有很多,比如搭积木、套圈圈、模仿打电话等。宝宝模仿打电话很有意思,宝宝会煞有介事的用小手指按下一堆数字键,然后把话筒放到耳朵边喂一声,接着又说一堆宝宝的语言,嘴里还会说着"嗯、嗯",并点点小脑袋,末了也会来一句"拜拜"。

培养宝宝的社交能力

宝宝的社交能力同智力一样,已经越来越受到父母的重视。所谓社交能力,指的就是能够和他人比较友善地结交并相处的能力。社交能力必须从小就开始培养。

1岁的宝宝已经有了一点幽默感,他喜欢看别人笑,而且也学会了一些社交能力,比如"再见"、"拜拜"等。针对这个时期宝宝的特点,妈妈要让宝宝多和别的宝宝或是不熟悉的人在一起,有意识地锻炼宝宝的社交能力,比如分别时要让宝宝跟其他人挥手道别等。妈妈还要经常面带笑容地称赞宝

宝的行为,和宝宝做游戏时要多引逗他,讲故事时多讲一些笑话,通过这些来发展宝宝的幽默感。

1岁半左右的宝宝喜欢模仿父母的行为,喜欢玩具、宠物,喜欢出去和大人或是别的宝宝玩,在看到父母做家务或是脱衣服时也愿意上前帮忙。针对宝宝这一时期的特点,妈妈可以让宝宝做些力所能及的小事以培养他助人为乐的品质,同时要开始教他说"谢谢"等礼貌用语。当宝宝对别的宝宝或是玩具、宠物等表现出关爱时,父母要及时给予表扬。

父母不妨在日常生活中给宝宝制订明确的交往准则。比如在餐桌上,要求宝宝把爱吃的东西适当地分给其他人一些,然后告诉

他:"好东西人人都喜欢,所以大家要公平地享用,不能一个人独占。"

久而久之,宝宝就能够自如地把这些社交规则运用到和同伴的交往当中了。

宝宝赤足玩耍好处多

宝宝初学走路时喜欢赤足行走,可父母却觉得地上脏,又怕宝宝踩到尖锐的东西,还怕宝宝会受凉生病。

育儿专家认为,赤脚训练可为宝宝身体和智力的发育带来非常大的好处。

从健康的角度讲,让宝宝经常赤脚玩耍是有益处的。

脚是由骨骼、肌肉、肌腱、血管、神经等组织构成的运动器官,它不仅支撑着全身的重量,而且具有行走、跳跃等功能。研究证明,赤足可增强大脑的灵活性,改善大脑皮质对刺激的反应能力,还可调节和促进内分泌活动等。由于脚部周围有着丰富的毛细血管和神经末梢,赤足可改善血液循环和新陈代谢,增强人体对外界环境的适应能力。

踝关节的柔软度对人体健康至关重要。踝关节僵硬,运动时就容易跌倒或受伤,不利于足弓的形成。提高踝关节的柔软性和灵活性可以防止宝宝形成扁平足,赤足运动还能很好地锻炼到踝关节,使其柔软、灵活。

另外,赤足运动还会对脚趾、脚掌等部位形成一种良好的按摩,这种按摩可收到健脾益肾、镇静安神、强骨及明目等功效,对宝宝便秘、佝偻病等也都有一定的疗效。

赤脚可刺激宝宝的脚底,提高宝宝对感觉的灵敏性,还能提高大脑的思维能力、判断能力,增强记忆力,提高身体协调性。生活中也可以做赤脚的小游戏。

捡圆环

父母可以将各色塑料环套在小棍上,然后转动小棍将圆环甩出去,让宝宝光脚追赶掉在地上滚动的圆环,捡回来后再让他套在小棍上,然后再扔出去……反复做。

语言开发

让宝宝用词组表达意图

在宝宝学会了用一个字表达自己的要求的基础上,进一步训练宝宝用两个字以上的词组来表达自己的要求。例如,宝宝说出"抱"字时,有可能是想让人抱他,也有可能是他在抱布娃娃。妈妈可以根据当时的情景,引导他把这样的单词说成2~3个字的句子,如"妈妈抱"、"抱娃娃"。又比如,宝宝说"走"字时,妈妈就可以依据他的形体语言揣摩他的意思,问他"是不是要下楼走走?",然后教他说"下楼走",妈妈还可以问他"到哪儿玩去?"教他回答说"下楼玩去"。如果宝宝说对了,妈妈就要兑现诺言,就要带他到楼下玩一会儿,以让他体会到正确表述的重要性。

1岁以后的宝宝进入了语言学习的高峰期,一天可以学习大约20个单词。宝宝说出的句子通常包括一个名词和一个动词,开始向儿童语调发展。

说宝宝能听懂的儿童语

宝宝虽然已经1岁了,但他还不会用语言来表达自己的感受。和这么大的宝宝交流是一件复杂的事情,虽然父母又是解释又是比划,可他似乎还是没听懂,照样我

宝宝智慧大征集
——1岁~1岁半宝宝智力开发

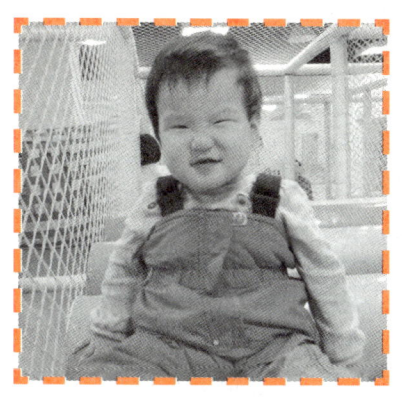

行我素。这不是父母的表达能力出了问题，很可能是因为父母没有选择那些小宝宝能轻易理解的词汇。

1岁左右的宝宝对时间概念还很模糊，他根本不知道10分钟有多长。假如妈妈说："5分钟后我们要出去走走。"这对宝宝来讲并没有太大的意义。所以妈妈在向他解释时间时，最好用描述一系列事件来代替时间的概念，向他解释最先发生了什么，接下来要发生什么。比如上面"5分钟"的概念，妈妈就可以解释为："我们洗好脸梳好头，然后穿上衣服就可以出门了。"

父母在向宝宝描述关于安全问题的时候，要注重用词简洁，尽量只用单个词，比如"烫"、"危险"。有些父母的解释通常太过啰唆，比如"不要靠近热水"、"不要在马路上玩"，宝宝并不能理解为什么不能靠近热水，为什么不能去马路上玩，这就会使原本要向他表达的安全问题完全得不到宝宝的重视。其实说一个"烫"就是告诉宝宝"热水很烫，不能靠近"，说"危险"意思就是说"马路上车多，不是宝宝玩耍的地方"，这样宝宝自然就会懂得什么是该做的，什么是不该做的了。

父母在跟宝宝沟通时，最重要的是要选择恰当、有效的词语，这样才能使自己与宝宝之间的交流变得清楚和顺畅。

教宝宝说话有方法

为了让宝宝早日学会说话，爸爸妈妈也开始卖力地对宝宝进行语言训练了。但父母的话并非全部都能被宝宝照单全收，所以父母在教宝宝学说话的过程中要注意以下禁区，否则就会对宝宝的语言学习带来负面影响。

禁区一：过分满足宝宝的要求。不少父母会过分满足宝宝的要求，若宝宝指着水杯，父母就会马上明白这是宝宝想喝水了，于是就把水杯递了过来。如果父母过度满足宝宝的要求，就会使宝宝的语言发展缓慢，因为宝宝只要用动作就能让家人明白并满足他的要求了，他也就不会再试图用语言来

表达自己的要求了。

正确的做法应该是，当爸爸妈妈从宝宝的行为举止中理解了宝宝的意图时，如发现宝宝想喝水，就可以给宝宝一个空杯子，让他试着去进一步说出"水"来，然后再满足宝宝的要求。这样可以慢慢地让宝宝有表达自己想法的意图，就可以慢慢发展语言能力，学会说话了。

禁区二：过分使用儿语。用叠词说话是宝宝语言发展到特定阶段的表现，因为其语言尚处于单词句阶段，所以就经常会发出一些重叠的音，如"抱抱"、"饭饭"、"帽帽"等。但有些父母会在日常生活中用叠词来跟宝宝说话，如"宝宝，快来吃饭饭了"、"宝宝快看狗狗，它在汪汪叫呢"等。这样会误导宝宝的语言发展，使宝宝更晚进入到会完整说话的阶段。所以，父母要在与宝宝的交流过程中尽量使用正确的词语和语序，并引导宝宝尽量少用叠词说话。

宝宝学说话，爸妈需要3个"多"

在婴儿期正确培养宝宝的语言能力，不仅能为她的学语打下基础，也能在潜移默化中加强她与人沟通的欲望和能力，对他的成长非常有利。很多爸爸妈妈都期待宝宝有良好的语言沟通能力，所以千万要重视宝宝牙牙学语前的这一段引导时期。在这一段时间为宝宝的开口做好准备，积累能量，只需要爸爸妈妈做到以下"三多"：

多看

只有让宝宝多接触生活里的

Chapter 3
宝宝智慧大征集
—— 1岁~1岁半宝宝智力开发

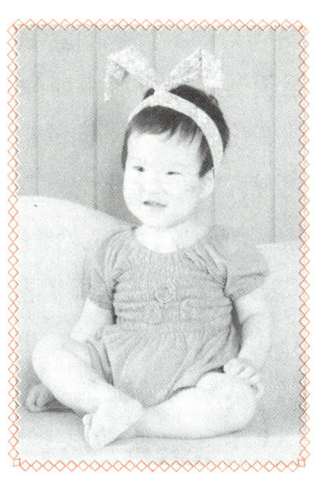

事物,才能调动宝宝好奇的神经,进一步产生说话的欲望。我们时常会见到这样的情景:宝宝坐在门前,看到一辆车经过,激动得手舞足蹈,嘴巴里哇哇乱叫。在这个过程中,车就是宝宝感兴趣的事物,他迫不及待想说点什么,这就是他说话的第一个诱因。宝宝的世界充满了惊奇,而且生活中很多平淡无奇的事物在他们眼中也是充满了惊奇的。所以细心的爸爸妈妈应多带宝宝出去看看,培养他们的观察力,调动他们的感知,为开口说话打下基础。

多听

宝宝的模仿能力很强,这一点是毋庸置疑的。听力材料的丰富能大大加强宝宝头脑中的语言储备。宝宝的模仿能力让他最先记住简单的字和词,时机成熟,就能脱口而出。爸爸妈妈平时可以多对宝宝说话,让其倾听别人说话或者聆听大自然的声音,如音乐、故事,大自然的风声、雨声,甚至鸟叫声。让宝宝渐渐熟悉这些声音,也有利于宝宝早日开口说话。

多交流

宝宝真正开口说话是源于交流的需要。让宝宝懂得交流的重要性和必要性,需要爸爸妈妈以身作则。妈妈在照料宝宝的过程中应多和宝宝交流,譬如:喂奶的时候和宝宝说话,问宝宝是不是饿了,吃得饱不饱啊。虽然宝宝不会开口讲话,但是也会慢慢熟悉这种交流模式,产生交流欲望。当宝宝能开口讲一些简单的字,与爸爸妈妈更多的交流能诱使宝宝进一步摸索更复杂的语言,对提高宝宝的语言能力大有好处,也为宝宝性格中的乐于交流注入了积极因素。

睡前故事有助于大脑发育

睡觉前给宝宝讲个故事是一种

增近与宝宝关系的好方法,也是宝宝良好睡眠的催化剂。最新研究发现,睡前故事的作用还远不止于此,当爸爸妈妈和宝宝一起漫游在童话世界中时,这种安静的环境也会在不知不觉中帮助宝宝的大脑发育。

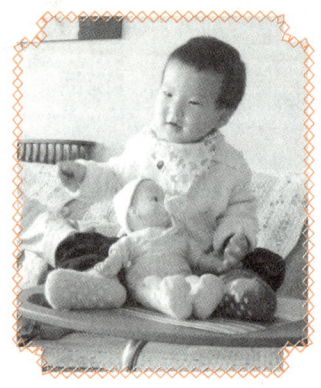

研究表明,当父母用语言和宝宝进行交流或给宝宝讲故事时,宝宝的进步是非常惊人的,这不仅会提高宝宝的语言能力,增强他的逻辑思维能力,同时还能缓解压力。为了让父母的睡前小故事真正起到促进宝宝大脑发育的作用,父母就要在讲故事的方式上讲究一下技巧了。

在给宝宝讲故事时,父母要注意用感情来表现气氛,声音要轻柔甜美。讲故事之前,妈妈最好先了解一下故事的主题和内容,如果妈妈能掌握每一个角色的个性和故事情节,那么讲起来一定会很生动。

爸爸妈妈在讲故事时要注意声音的变化,可以用不同的拟声发音来表现,这样宝宝听起来就会觉得更加生动形象,比如火车用"呜呜"声表示,汽车用"嘟嘟"声表示,小狗用"汪汪"声表示,小猫用"喵喵"声表示等。如果父母们能够充分表现愉快、愤怒、失望、难过等情绪,那么睡前故事就会和动画片一样精彩。

父母还可以适度改编故事情节,在宝宝能接受的范围内对故事内容进行小幅度的改动,这样会对宝宝的吸收能力和兴趣都产生不同的作用。例如有些外国故事中的主角的名字洋味十足,宝宝不易接受和理解,妈妈就不妨将其改成邻家小孩的名字,这样宝宝听起来就会更亲切了。

每天给宝宝朗读15分钟

宝宝识字早、语言能力好是"早慧"的重要标志之一。如何增强宝宝的语言能力,使得宝宝伶牙俐齿、头脑聪慧呢?在宝宝很小的时候,就对他大声朗读非常重要,而且这还是一条捷径。你每天 15 分钟的朗读,可能改变宝宝的一生。

每天大声念 10~15 分钟

给宝宝大声念书不仅帮助宝

宝学习词汇、语法和句子的节奏,还意味着他在得到你的完全的关注,意味着他是被你爱着,在你的心里非常重要,这种安全感对宝宝的一生都有帮助。

那些患有阅读障碍症的宝宝在很大程度上是因为在上学前所接触到的朗读不够。如果因为接触少而表现差,这种阴影就会给宝宝造成心理障碍,影响到他以后的学习。

如果你仔细观察,就会发现,当你给宝宝朗读时,他的眼神是那么专注和欢欣,而当他想听你朗读却得不到时,眼神会有多么失望和悲伤。

内容不拘,童书最好

不论念什么都好,街上的招牌、电话号码本、明信片,都能帮助宝宝学习阅读。但对宝宝来说,最好的朗读材料是编得很好的故事书。

故事书通常有很好的节奏,简单的语法,很容易朗诵得声情并茂。要提醒家长的是,在朗读的时候,投入的感情越多越好,它能使故事更激动人心。例如,当你读到一个小偷悄悄爬进屋子的时候,你要把声音放慢放低;但当你读到天空有一声炸雷的时候,你一定要提高声音,让声音饱满洪亮。这会让宝宝有身临其境的感受,在不知不觉中学会了表达。保持声调的变化,让声音忽高忽低,用戏剧朗诵的声调,在每个故事结束的时候拉长声调,都是非常受宝宝欢迎的做法,宝宝也会对故事印象更深刻。

到 1 岁左右,宝宝会很乐意重复你念的生字,这个时候,你可以在念的时候帮助他模仿,慢慢地,他会学习到更多的词。反复念一本书是个好主意,最终,宝宝能记住故事里用的词,并且开始学看、复述这个故事。从这个时候起,宝宝开始了自己阅读的历程。

除了朗读，鼓励宝宝"写字"也是一个好方法

即使你的小家伙还只有1岁

多，根本不会写字，你也不妨给他一支笔一张纸，让他随意涂鸦。尝试写字是教宝宝阅读的最快的方法之一。写字可以帮助他明了字和不同声音之间的关系。在宝宝刚开始学习写字的时候，是真正的"涂鸦"，他画出的简直不叫字，而是一堆莫名其妙的线条。这个时候，宝宝需要你的帮助和鼓励，不管他把字"画"成了什么样，最重要的是鼓励他大胆去做，并鼓励他学着自己去分析和思考。

为了让宝宝爱上"涂鸦"，可以给宝宝准备一些五颜六色的纸和笔，这些色彩鲜艳的"玩意儿"会抓住宝宝的注意力，让他感觉写字是件有趣的事情。

特别要强调的是，你没有必要着急教宝宝认字读书，只让他每天享受到朗读的乐趣就好了，自然而然宝宝就会踏上成功的阅读之路。

 运动益智

培养宝宝的运动智能

1岁~1岁半这个阶段，父母可以扶助宝宝做体操了，主要练习爬行、站立、走、拾取、跳等动作。做操时间应选择在饭后1小时左

右进行,还可以放点音乐以使宝宝保持良好的情绪。父母可以喊两节八拍口号,每次做一节,循序渐进。

这一时期,父母还要训练宝宝扶栏杆上下楼梯的能力。父母在一旁看着,然后让宝宝自己扶好楼梯扶手,先迈一步登上一级台阶,两脚站稳后再向上迈步。

等宝宝自己可以上楼梯后,父

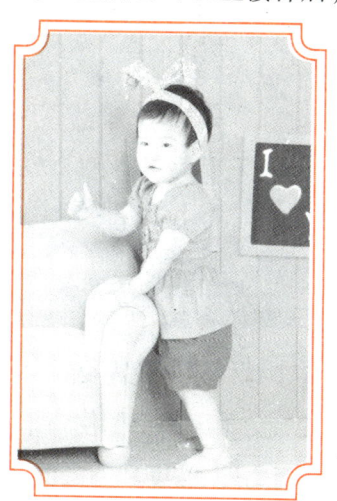

母就可以再让宝宝学习下楼梯了:一步往下迈,两脚在台阶上站稳之后,再伸脚往下迈一阶。在宝宝迈步的同时,父母要在一旁鼓励他说:"宝宝真勇敢"、"宝宝真棒"等。

父母还可以和宝宝玩多种动作游戏,如玩球、踢球等,这样可以锻炼宝宝在独立行走中自如地做各种动作的能力。也可以让宝宝推着婴儿车玩,父母可以教他推车前进、转弯等,还可练习侧身走、后退走。父母要在一旁保护他并不断称赞他走得棒。还可对宝宝进行弯腰拾物的训练,给宝宝准备一个盒子,让他弯腰把地上的玩具一件一件地拾到盒子里,他每拾起一件妈妈就要称赞他一次,直到全部都拾到盒里为止。

此阶段还要加强宝宝手的精细动作训练,可以和宝宝玩套塔玩具,让宝宝用拇指和食指对捏每层塔,将塔层按从大到小的形状一个一个地套在中心套柱上,直到最小的塔尖套完。

玩球能开发宝宝的智力

半岁以后的宝宝就可以玩球了,随着宝宝的长大,玩球的种类也可以越来越多,比如乒乓球、小皮球、气球、篮球、足球等。

球是宝宝眼中有趣的"家伙",只要轻轻给它一点外力,它就会向前滚动,滚动的方向还会依力量的方向不同而变化,碰到东西又会反弹回来;如果用力拍球,它就能跳得比宝宝还高。所以宝宝都喜欢玩球,也很乐意参与不同的球类游戏,而且宝宝在玩球的过程中既能锻炼操作能力,又能协调手、眼的配合能力。球在开启宝宝智力、发展宝宝的运动和协调能力等多种方面都起着重要的作用。

准备一些色泽鲜艳的类似游乐场海洋池中的塑料球、塑胶球或乒乓球。把球撒在地上,妈妈带宝宝一起捡球,并放到指定的容器中,看谁捡得快、捡得多。妈妈还可以把不同颜色的球混在一起,让宝宝捡起来分别放进不同的容器中。

这个游戏能锻炼宝宝下蹲、弯腰、站起等动作的敏捷性;培养宝宝的观察力、注意力和耐心,在欢乐的气氛中让宝宝自然地了解到友爱与合作的重要性。

推车对宝宝学走路很管用

婴儿推车不仅能在父母带宝宝外出时使用,宝宝也可以扶着它学走路,而且能起到事半功倍的作用。

不过,在使用推车时,家长要注意以下几个问题。

比如,伞车通常在夏季使用且推车扶手比较低,适合个子比较小的刚刚学走路的宝宝。但是伞车比较轻,刚刚学走路的宝宝掌握不好力度,容易将车推翻或自己摔

倒。这时候,父母就需要在一旁进行辅助,父母可用手握住伞车的把手,进行力度、速度和方向的掌握。待宝宝走路稍微平稳后,父母就只需在伞车上放一点玩具或其他物品来帮助宝宝掌握平衡就可以了。

另外一个选择是玩具推车。现在有许多品牌玩具都推出了集合骑、推、玩于一体的玩具推车,这些推车重心低,且高度适合宝宝,

但价格相对贵一些,父母可视情况选择购买。

 锻炼宝宝行为发展的小游戏

宝宝一旦进入学步期,就会有很多身体、认识和社交上的变化。他可以用简单的字来沟通,也几乎不需要别人协助就能从一个地方移动到另一个地方。

由于能力增强了,他也会期待更多的挑战。宝宝行为发展的过程也是宝宝智能发展的过程,所以在婴儿期训练宝宝的各项行为能力是早期育儿知识教育中非常重要的一项内容。

纸或纸袋对宝宝来说是一种好玩的玩具。如果宝宝玩腻了现有的玩具,妈妈先不必给他买新玩具,可以试着将纸和玩具组合起来。妈妈可以用纸将玩具包起来,弄出沙沙声给宝宝听,然后把开口放在宝宝面前并引诱宝宝打开包装纸。宝宝喜欢玩一摸就会发出声音的纸袋,拉或按就会出声或启动的玩具。妈妈在宝宝玩得高兴时应鼓励他说:"宝宝好棒噢!"

可以让宝宝模仿妈妈照料自己的模样,看看布娃娃是否饿了、冷了,来细心地照料娃娃,以培养他的同情心。

父母要培养宝宝自己做一些简单的事的能力和习惯。先让宝宝知道家中日常生活用品存放的位置,然后每天吩咐宝宝替爸爸或是妈妈拿东西,比如拿水杯、拖鞋、书报、小凳子等,若是宝宝完成得好,别忘了表扬他。

 增强想象力的几个小游戏

想象力是宝宝智力活动的翅膀,它可以为思维的飞跃发展提供强劲的推动力。和宝宝一起游戏是鼓励宝宝发挥想象力的最佳方式。

我来演奏

准备卷筒卫生纸的纸筒（或用比较硬的挂历纸卷成小纸筒）、锅和锅盖、木头勺子。然后将它们摆放在地上。父母可以向宝宝展示如何吹喇叭（纸筒）和敲鼓（锅就是鼓、木头勺子是鼓槌）。如果邻居不抱怨，试着把两个铙钹（就是锅盖）相对撞击。这可能不是贝多芬的第五交响曲，但却也充满乐趣。

有趣的帽子

把一张纸卷成锥形就是一项

完美的巫师帽了。再稍微复杂一点的做法是，先将一张报纸对折，然后把报纸放在面前，让折边在上。接着把上面的两个（折叠起来的）角向中间折，这样报纸的上面就是一个三角形，下面是两条长边。这时，先把下面上层的长边折叠到三角形的底边处，然后再向上折一次。接着，把报纸帽翻过来，对另一个长条做同样的处理。为你和宝宝各做一顶帽子吧，然后在镜子面前试戴一番，会很有趣的。

小小卫生员

准备抹布、小或轻的扫帚等工具，然后给宝宝找个安全的地方让他去"打扫"。桌面上没有放东西的茶几是个理想的地方，父母可以给他一块抹布让他把桌子擦干净。一定不要用任何喷雾剂或上光剂，因为里面可能含有刺激物和其他有害的化学成分。一旦桌子擦干净了，他就可以去擦其他地方了，如椅子、门等。等他擦烦了，就再让他去扫地，他会玩得很开心的。

Chapter 4

左脑右脑聪明宝宝

——1岁半~2岁宝宝智力开发

益智饮食

蛋黄能增强宝宝记忆力

爸爸妈妈在给宝宝吃什么的问题上,可谓费尽了心思,而且倍加小心。有很多爸爸妈妈给宝宝吃鸡蛋时都会将蛋黄扔掉,怕蛋黄所含脂肪、胆固醇太多,对宝宝的健康不利,其实大可不必。蛋黄中含有促进大脑发育、骨骼发育、造血等的多种营养物质,还富含蛋白质、氨基酸、微营养素等。

蛋黄富含各种维生素

蛋黄中含有宝贵的维生素 A 和维生素 D,还有维生素 E 和维生素 K,这些都是"脂溶性维生素"。水溶性的 B 族维生素,也绝大多数存在于蛋黄之中。而蛋黄之所以呈浅黄色,是因为它含有核黄素,核黄素就是维生素 B_2,它可以预防烂嘴角、舌炎、嘴唇裂口等。

蛋黄富含各种元素

蛋黄中有大量的磷,还有不少的铁。同时,鸡蛋中所有的卵磷脂均来自蛋黄,而卵磷脂可以提供胆碱,帮助合成一种重要的神经递质——乙酰胆碱,对宝宝的大脑发育很有益。

蛋黄能保护宝宝眼睛

蛋黄中含有的叶黄素和玉米黄素都属于类胡萝卜素,它们具有很强的抗氧化作用,具有保护眼睛的作用。人眼的成像部位是视网膜,而视网膜上有一个"黄斑",里面的黄色,就来自于叶黄素和玉米黄素。这两类物质能帮助眼睛过滤有害的紫外线,延缓眼睛的老化。

据美国专家研究,蛋黄中的脂

溶性黄色物质当中,有1/3以上是这两种成分,而且非常容易被人体吸收,比直接吃玉米效果还要好。所以,对于正常的鸡蛋来说,蛋黄的颜色越黄,对眼睛健康越有好处。

蛋白质利用率高

蛋中的脂肪绝大部分在蛋黄内,且分散成细小颗粒,极易被吸收。蛋黄中脂肪和胆固醇的含量也比较高,无机盐和维生素也主要集中在蛋黄内。

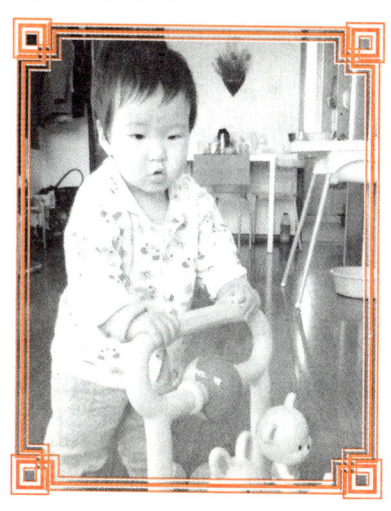

蛋黄能增强记忆力

有计划地吃一点蛋黄能帮助宝宝增强记忆力,因为蛋黄中含有卵磷脂,卵磷脂被消化之后,可以释放出胆碱,胆碱进入血液,很快就会到达脑内。

美国、英国、加拿大等国有关专家研究后还指出,有节律地供给足够的胆碱,对各年龄人的记忆力衰退症均有改善作用。因此,爸爸妈妈们从小就给宝宝适当地吃一些蛋黄,对补充大脑的营养、增强记忆力是十分有益的。

怎样保存菜肴里的维生素C

蔬菜从购买、储存、加工到烹调的一系列过程中都在不知不觉地丢失营养素,其中最容易丢失的是维生素C,那么,怎样才能减少菜肴里的维生素C的丢失呢?

买菜要适量

妈妈在买蔬菜时要选那些新鲜的,并注意别买多了,以足够一天吃的量为宜。如果妈妈为了省事一下子买很多菜回去并储存在冰箱里,那么一部分维生素C就会丢失,并且还会增加菜中亚硝酸盐的含量。

尽量保留外层菜叶

外层菜叶的维生素C含量要比内层菜叶的高,蔬菜的叶部的维生素C含量要比茎部的高,因此,妈妈在择菜和洗菜的时候要尽可能地保留外层菜叶。

先洗后切

蔬菜应先洗后切而不能切好后再浸泡在水里,因为蔬菜久泡在水中就会造成可溶性维生素和无机盐的溶解,从而丢失掉一部分营养。另外,蔬菜切好后应尽快入锅,因为空气中的氧也会氧化蔬菜中的维生素C。

炒菜时应旺火快炒

炒菜时应旺火快炒,而不能久炒久熬,特别是卷心菜、大白菜、芦笋等有叶蔬菜。因为蔬菜在高温的锅中的时间过长会损失掉很多营养素。

适量加醋或勾芡

妈妈在做菜时可以适当加点醋,因为维生素C在酸性的环境下比较稳定。也可以对菜品进行勾芡处理,因为勾芡也可以较好地保存蔬菜中的维生素C。

燕麦片促进宝宝的智力发育

燕麦又称皮燕麦,在我国常被称为"莜麦"和"玉麦"。燕麦是一种营养价值很高的粮食,对宝宝的智力发育有极大的好处。

燕麦营养丰富,每100克燕麦中的蛋白质含量高达15克,脂肪约7克,碳水化合物约62克,此外,燕麦还含有极其丰富的亚油酸,占全部不饱和脂肪酸的35%~52%。每100克燕麦中含钙50~100毫克,B族维生素的含量更是居各种谷类粮食之首,能够弥补精米精面在加工中丢失的大量B族维生素。燕麦赖氨酸含量很高,具有促进宝宝智力发育和骨骼生长的作用,还可治疗食欲不振和消化不良等症。

燕麦是谷物中唯一含有皂甙素的作物,它可以调节人体的肠胃功能,降低体内胆固醇水平。因为燕麦中同时富含可溶性纤维和非可溶性纤维。可溶性纤维可大量吸收体内胆固醇,并排出体外,从

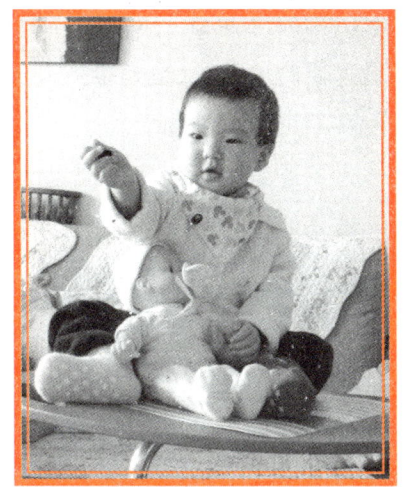

而降低血液中的胆固醇含量；非可溶性纤维有助于消化，能预防宝宝便秘。而且燕麦还能很好地清除宝宝体内的垃圾，预防肥胖症的发生。

燕麦符合营养学家所提倡的"粗细搭配、均衡营养"的饮食原则，能满足人体生长发育的需要。燕麦不但是1岁以上宝宝的营养食品，其实也是全家人的健康之选。

宝宝多吃山楂益处多

山楂能增加胃蛋白酶的分泌，具有助消化的功能，可帮助消化胃中食物，尤其是脂肪类的食物。宝宝胃内的各种辅助成分分泌不足，而由于其生长发育的需要，蛋白质和脂肪的摄入量又较多，如果调理不好就容易造成积食、消化不良，还可能出现腹胀、恶心、不想进食等症状，经常给宝宝吃一些山楂能起到调理肠胃、促进消化的作用。

山楂中含有多种矿物质，如钙、铁、钾、钠，山楂的维生素C含量也很高。维生素C能帮助体内形成细胞胶，维持正常的组织功能。宝宝的免疫调节功能较差，而维生素C可以增强宝宝对疾病的抵抗力，还能促进伤口愈合，对痢疾杆菌也有较强的抵制作用。

山楂可增强宝宝的脾胃功能，还可增进食欲、提高免疫力、预防腹泻等。妈妈可以用山楂作主料，给宝宝做一些山楂餐。

材料：山楂20克，大米30克。

做法：将山楂和米洗净后放入锅内煮粥，在煮的过程中可以加入三两片薄姜。粥成后加些许糖即可。

材料：山楂20克。

做法：

（1）将新鲜山楂用清水洗净后放入锅内，加水煮沸，再用小火

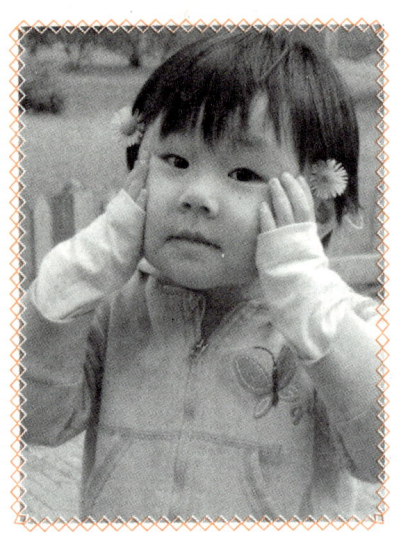

煮15分钟,然后将山楂去皮、去核。

(2)再将山楂倒入杯中,加白糖调匀即可。

如果宝宝咳嗽,并且是干咳、无痰,呼吸时热气逼人,妈妈可以用梨汁配山楂给宝宝早晚服用,具有润喉生津的功效。配合山楂,一方面是因为山楂富含维生素C,可提高免疫力;另一方面它含有的酸性物质能促进胃液分泌,增进宝宝的肠胃功能。

适量食盐,宝宝健康的保障

"岂是闻韶解忘味,尔来三月食无盐"。菜里如果不放点盐,即使吃山珍海味也如同嚼蜡。盐不仅是重要的调味品,也是维持人正常发育不可缺少的物质。

人不吃盐不行,多吃盐也不行。鉴于食盐的特性,育儿专家指出,无论是健康的宝宝,还是体弱的宝宝,均不宜摄入过多的盐,饮食应该以清淡为主。

食盐过量虽然对宝宝身体有害,但是讲究吃盐方法,还是可以降低食盐过量的危害的。

全家总动员,多吃清淡饮食

宝宝的口味与爸爸妈妈有关,爸爸妈妈的口味重,宝宝饮食中的盐含量也会相对增多。据了解,目前我国家庭饮食中普遍含盐量超标。爸爸妈妈在准备膳食时,一定要注意减少放盐量。

少吃腌制食品,巧用风味菜

南方喜欢吃梅干菜、咸鱼和腊肉等,这些食物含钠量普遍较高,宝宝应尽量避免食用。此外,豆瓣酱、辣酱、榨菜、酸泡菜、酱黄瓜、黄酱、大酱、腐乳、咸鸭蛋等也不要多吃。

北方日常饮食多为咸香味,可适当改善口味,用甜、酸味代替咸味。比如灵活运用蔗糖烹制糖醋风味菜，或用醋拌凉菜，既能弥补咸味的不足，又可促进食欲。

不要以你的标准来判断宝宝的口味

研究资料表明，对食盐的敏感度是随着年龄的增长逐渐降低的，使成人感到咸味的氯化钠的浓度为0.9%，而使宝宝感到咸味的浓度为0.25%。若按成人的口味摄入食盐，就会使宝宝体内的钠离子过多，长此以往，宝宝就会对这个咸度产生耐受，从主观上认可了这个咸淡度。如果爸爸妈妈还不有意加以控制，宝宝以后的食盐摄入量在大多数情况下还会逐渐增加。所以，千万不要拿爸爸妈妈的标准来判断宝宝的口味。

宝宝吃味精要慎重

一些年轻的爸爸妈妈在宝宝厌食或胃口不好不愿吃饭时，往往会在菜肴中多加些味精，以饭菜味道鲜美来刺激宝宝的食欲，或者放任宝宝一次进食大量美味的鸡鸭鱼肉而不加以控制，其实，这种做法都是不可取的。味精虽对人体

有一定好处，但长期过量食用也是会损害身体健康的，对于宝宝而言更是如此。

味精食用过量，会对宝宝的身体造成极大的损害，具备表现为：

致使宝宝缺锌

锌是人体内的重要微量元素，具有维持人体正常生长发育的作用，对宝宝来说更是不可缺少，一旦缺乏，便可出现味觉迟钝，厌食，甚至智力减退、生长迟缓、性晚熟等不良后果。

抑制生长发育

多食味精能抑制甲状腺素的分泌，而甲状腺激素是用来调节血钙和血磷最重要的激素，它能促进

肠道对钙、磷的吸收。一旦缺乏甲状腺素,钙、磷就会大量流失,会对宝宝的生长发育造成负面影响。

引发"美味综合征"

美味综合症一般是在进食后半小时发病,病症表现为头昏脑涨、眩晕无力、心慌、气喘等,有些人还会出现上肢麻木,下肢颤抖甚至恶心及上腹部不适等症。因此,对于正处于发育期的宝宝,美味佳肴也不可一次吃得过多。

其实,只要选对了吃法,就会降低味精的危害,变害为利。爸爸妈妈们可以这么做:

(1)不要在用高汤烹制的菜肴中加味精。

(2)对于酸性强和含有碱性原料的菜肴,都不适合加味精。

(3)投放味精的最佳时间是在菜肴将要出锅时。

(4)味精使用时应掌握好用量,并不是多多益善。

(5)烹饪海鲜、肉类和蘑菇等食品可不放味精。

(6)留心食盐和味精的比例。

罐头食品不能给宝宝增加营养

在我们的日常生活中,为了延长食物的保藏期,聪明的人类发明了罐头食品。罐头食品具有久存不坏的优点,特别是季节性强的食品,如果能在淡季时吃到罐头食品,方便解馋,确实不错。然而,世界卫生组织却将罐头食品(包括鱼肉类和水果类)列入"垃圾食品"之列,为什么呢?这要归咎于罐头食品中的添加剂,这些添加剂对一般成年人来说是安全的,而对宝宝则不然。

宝宝体质稚嫩,内脏器官尚未发育成熟,尤其是肝、肾的解毒和代谢功能尚不完善,如果食用罐头过多,人工合成物容易在体内积蓄,形成的毒素不能被及时排出体外。这样不但影响宝宝的生长和

发育，还可能引起慢性中毒。

添加剂会致癌

在生产罐头食品时，为了保持食品色佳味美，经常要添加一些辅料，如人工色素、香精、甜味剂，制作肉类罐头食品时还要添加一定量的硝酸盐和亚硝酸盐，而亚硝酸盐能与蛋白质分解后所产生的胺类结合成具有强烈致癌作用的亚硝胺。

含有防腐剂

为延长保存期，罐头食品在制作过程中要加入防腐剂（如苯甲酸）。

一般而言，罐头食品所加防腐剂经过检验对人体无毒害作用，少量短期食用是相对安全的。但是，经常食用对肝、肾均有损害。

可能引发宝宝铅中毒

罐头食品大多数采用焊锡封口，焊条中的铅含量颇高，在储存过程中可能污染食品。宝宝消化道的通透性较大，这些添加剂和重金属均可被吸收，从而影响宝宝的健康。

营养素损失大

无论是水果类罐头，还是肉类罐头，其中的营养素都遭到大量的破坏。罐头食品经煮熟、装罐、排气、密封后，常常还要采用超高温消毒灭菌（100℃～121℃，历时10～20分钟，因食物的品种、老嫩、罐内的酸碱度而略有差别）。另外，罐头制品中的蛋白质常常出现变性，这大大降低了人体的消化吸收率，使营养价值大幅度"缩水"。

高糖引发肥胖

很多水果类罐头都添加了大量的糖分，这是为了增加口感。这些能量较高的糖分被摄入人体后，会导致肥胖。同时，可在短时间内导致血糖大幅度升高，胰腺负荷加重。另外，研究还发现，糖分可以改变蛋白质的分子结构，从而影响

宝宝的免疫力。

烧烤食品会削弱宝宝的智力

烧烤口感好，无论是成人还是宝宝都喜欢吃。在夏天的夜晚，常能看到爸爸妈妈带着宝宝在烧烤。烧烤的流行，虽然满足了人们日益增长的物质生活求新、求变、求异的消费需求，却为宝宝们的智力发育和生长发育带来了不利影响。

影响宝宝智力发育

牛羊肉在熏烤过程中会产生有害物质，对宝宝大脑的发育极为不利。富含蛋白质的牛羊肉，在烤炉上烧烤的过程中，维生素和氨基酸会遭到破坏，蛋白质焦化变性，失去了原有的营养价值，食入后不仅使大脑得不到应有的营养补充，严重影响蛋白质的利用率，还可能转化为对人体细胞具有致突变性的化合物。所以，如果宝宝经常吃烧烤鸡、牛、羊、猪肉，可能使大脑逐渐趋向迟钝，影响智力发展。

烧烤食品会致癌

由于肉块直接在高温下进行烧烤，被分解的脂肪滴在炭火上，再与肉里的蛋白质结合，会产生一种叫苯并芘的致癌物质。宝宝如果经常食用被苯并芘污染的烧烤食品，致癌物质会在体内蓄积，有诱发胃癌、肠癌的危险。

常食烧烤食品影响宝宝视力

烧烤食物外焦里嫩，有的肉里面还没有熟透。如果是不合格的肉，宝宝食用后就可能会感染上寄生虫。据美国一项权威研究结果显示，食用过多的烧煮熏烤太过的肉食将受到寄生虫等疾病的威胁，甚至严重影响宝宝的视力，造成眼睛近视。

宝宝食用烧烤食品容易诱发胃病

经过烧烤，食物的性质偏向燥

热，加之孜然、胡椒、辣椒等调味品都属于热性食材，比较辛辣刺激，会很大程度地刺激胃肠道蠕动及消化液的分泌，有可能损伤消化道黏膜，还会影响宝宝体质的平衡。

烧烤食品被认为是"现代病元凶"

烧烤食品所含的脂肪高、热量高，与高血压、糖尿病、心血管疾病等"现代病"有很大关系。

需要爸爸妈妈重视的是，烧烤食物的危害并非立竿见影，而是一个逐渐积累的过程，往往在大快朵颐的时候，危害已经从口而入，慢慢地侵蚀着人体的健康。特别是宝宝，正处于生长发育时期，体内各器官功能尚未发育完善，肝脏的解毒功能差，身体抵抗力弱，受害尤甚。

教宝宝学习刷牙漱口

众所周知,刷牙是预防宝宝患龋齿最有效、最经济的方法。

实验证明,漱口能使口腔内的细菌减少15%,刷牙能使细菌减少60%。这说明漱口和刷牙是保持口腔卫生、预防龋齿的重要措施。

宝宝从1岁后就可以开始学着刷牙漱口了,刚开始时可能漱不好,还可能会经常把水咽下去,因此父母最好用温开水给宝宝漱口。父母可以引导宝宝在饭后张开嘴巴照镜子或与父母相互观看牙齿,让宝宝看到牙缝、口腔中的食物残渣,然后针对这个阶段宝宝好模仿的特点让其模仿漱口动作。宝宝2岁左右时,随着20颗乳牙的萌出就要开始学习刷牙了。刷牙不仅可以清除口腔内的食物残渣,防止龋齿,同时还能按摩牙龈,促进

牙龈的血液循环,减少牙周疾病的发生。特别是对患有牙过敏、龋齿、牙周炎、口腔溃疡、舌炎、咽喉炎的宝宝,刷牙更能起到一定的防护作用。

刷牙的方法很重要,应采取竖刷法,就像洗梳子时应当顺着梳齿的方向才能将齿缝中的不洁之物清除出去的道理一样。横刷法不易清除食物残渣,而且还容易刷伤牙龈和牙齿,从而损伤口腔黏膜。

刷牙时还应照顾到各个牙面,不能只刷外面或是只刷里面,要将牙齿里外上下都刷到,刷牙时间不要少于3分钟。要将牙刷的毛束放在牙龈与牙冠萌出处,轻轻压着牙齿向牙冠尖端刷,刷上牙床要由上至下,刷下牙床要由下至上,反复刷6～10下。教宝宝刷牙时,父母可与宝宝各拿一把牙刷,父母一边做示范动作一边告诉宝宝应该怎么刷,刚开始时可以让宝宝手持牙刷练习"转动手腕"的动作,身教与言传并用。注意开始时不要用牙膏,等宝宝逐渐能掌握方法之后再挤上牙膏。

牙刷的选择也有讲究,由于宝宝的口腔黏膜很娇嫩,所以要选用毛软、刷毛尖端经过磨毛处理的牙刷,牙刷大小也要按宝宝的年龄和口腔大小来选择。牙刷不宜过大,刷毛也不宜过硬。

牙刷使用后应彻底洗干净,将牙刷头朝上放到杯子里,存放到通风干燥的地方,如果发现牙刷毛弯曲了,应及时更换。一支牙刷的使用时间为3～6个月,如果宝宝患有疾病比如感冒,牙刷的刷毛间可能会留存有病菌或病毒,这时要对牙刷进行消毒处理或更换新的牙刷。

鼓励宝宝自己穿、脱衣服

让宝宝学会自己穿、脱衣服是培养宝宝生活自理能力的一个重要内容,父母要根据宝宝的年龄特点,逐步培养宝宝穿、脱衣服的能力。

从宝宝2岁开始,父母就应该鼓励他自己穿、脱衣服了。开始时宝宝可能会穿不好,可能会把裤子穿反了或是把两条腿都伸进了一个裤管里,也有的宝宝会因为一次没穿好下次就再也没有兴趣自己穿、脱衣服了,在这种情况下,父母要鼓励宝宝多练习几次。

学习穿、脱衣服应该从容易学起,最好是从夏天开始,因为夏天穿的衣服少且简单,而且就算宝宝穿得慢也不容易受凉。可以让宝宝先学会穿背心、短裤,然后再随着天气的变化渐渐增加衣服,这就是宝宝学习穿衣服的过程。

为了鼓励宝宝自己穿、脱衣服,父母在给宝宝买衣服时可选择一些前后标记明显的衣服,比如上衣胸前有宝宝喜欢的小动物或是

裤子前面有口袋、膝盖上有图案等的衣服,这样不仅可以防止宝宝穿反,还可以引起宝宝自己穿衣服的兴趣。

开始教宝宝这项技能时主要是教宝宝掌握穿、脱衣服的基本方法,比如穿上衣,衣服的前襟朝外,双手提住衣领的两端,然后绕过头部向后一披,把衣服披在背上,再将手伸入衣袖。在系纽扣时,先把两侧衣襟对齐,从最下面的纽扣系起,以免错位。教宝宝穿裤子时,应首先让宝宝分清前后,然后双手拉住裤腰将两腿同时伸进裤管,当脚从裤筒里伸出时便可站起来把裤子往上一提,这样裤子就穿好了。

脱衣服比穿衣服容易,比如脱裤子,让宝宝双手拉住裤腰两侧,向前一弯腰,顺着把裤子拉到臀部下面,然后坐下来,把两腿从裤筒里脱出来就行了。经过这样反复的练习,宝宝慢慢就能掌握穿、脱衣服的技巧了。

开发宝宝的右脑

6岁之前是宝宝右脑最活跃的阶段,因为这个阶段的宝宝都是以右脑为中心来对事物进行思考的,适当、良好的刺激可以让右脑功能发挥得更好。这个阶段对右脑开发的重点在于训练宝宝的联想、想象、记忆等综合能力。

父母可以和宝宝玩一个想象的游戏。让宝宝面对一面没有过

多视觉刺激的墙,妈妈手里拿着图画卡片或积木等从宝宝的左耳后方进入他的左眼视野,问宝宝:"你看这个像什么呀?"让他用自己丰富的想象来回答妈妈的问题。注意在提问时一定不要问"这是什么?"这样的问题很容易得到单一的答案,从而禁锢了宝宝的想象。

在宝宝已经有了形象记忆和

类型识别能力的基础上,父母就可以和他玩记忆游戏了。比如妈妈给宝宝看一张上面有动物、食物、用品等的图片,让宝宝指出哪些是食物、哪些是用品,然后再换另一张图片,上面的物品与第一张相比有增有减,让宝宝说说少了什么、多了什么。

图形认识也是一个开发右脑的好方法。图形变化和组合的训练内容有很多,如拼图、图形拼贴画等。

色彩艳丽的拼图用不同的颜色来标示物体的各个组成部分,能激发孩子对拼图的兴趣。因为这时的宝宝还不会观察和分析,只能通过直观感知画面上有什么,鲜明的颜色会给宝宝留下深刻的印象。最初宝宝玩拼图是按颜色而不是按图像的各个构成部分来拼的,慢慢地才学会有目的地观察、比较、分析,按图像的各个构成部分来进行拼图。

适时培养宝宝的创造力

宝宝天生就具有好奇心和创造力。创造力是对宝宝智力水平的集中体现,创造力离不开想象力的支持。可以说,没有丰富的想象力,也就不存在创造力。因此,父母要在日常生活中给宝宝提供充分的想象空间,哪怕宝宝提出了不符合实际的想法,父母也要给予他适当的鼓励,以保护宝宝想象力的发展。

想要激发宝宝的创造力,不一定非要买昂贵的玩具或娱乐设施。

其实,一些简单的活动,如与宝宝玩些简单的亲子游戏、和刚学步的宝宝在纸上或小黑板上涂鸦、同宝宝一起编故事等都能让宝宝进入属于自己的"创意王国"。

1岁半~2岁的宝宝开始有了自我意识,联想力也刚刚萌发,妈妈要给宝宝大量的感官刺激,使宝宝能积累更多的经验。这时父母可以巧用积木来培养宝宝的创造力。积木具有多种功能,不仅可以开发宝宝的想象力,还可以刺激宝宝的运动能力、思考能力和创造能力。宝宝开始会尝试着做一些简单的造型,在动手做之前他往往会先想一想,经过不断尝试后就会渐渐做出复杂、大体积的"建筑"。当宝宝自己玩积木时,父母千万不要插手打扰宝宝,宝宝能搭出什么并不重要,重要的是他能专心地投入其中。

小魔术可以提高宝宝注意力

在空的纸巾盒里放入软软的小毛绒玩具。指引宝宝的手在盒子里摸来摸去,突然,变魔术一样,让宝宝的手抓住玩具,拿出来!妈妈也可以给宝宝变魔术,玩具没有了,玩具又出来了——宝宝一定会被逗得哈哈大笑。本游戏适合1岁半以内的宝宝,学习"有"和"没有"的概念,知道什么是"软的",

什么东西是"硬的"。

宝宝再大一些,可以在盒子里放入形状不同的积木,然后让宝宝伸手去摸。开始玩的时候,当宝宝摸出积木时,告诉他这是什么形状,三角形、正方形,如果宝宝已经学会形状,就让宝宝不看盒子,凭触觉摸出是什么形状。等到这一步也很熟练,就可以学习配对。盒子里每样形状的积木都放两块,蒙起宝宝的双眼,让宝宝把积木一块块摸出来,然后把相同的两块放在一起。

除了积木和毛绒玩具,还可以在纸巾盒里放其他任何宝宝感兴趣的东西。然后让宝宝一边慢慢摸,一边回忆里面到底有什么,这个游戏不仅能锻炼宝宝的触觉和灵敏度,还能很好地提高宝宝的注意力和记忆力。

语言开发

 宝宝的语言学习进度

这个时期的宝宝用语言表达需求的愿望增强了,此时父母可以加强宝宝的语言能力的训练。

双语句

为了使宝宝能够较准确地使用一些词,要鼓励宝宝多说一些有名词和动词的双语句。如"宝宝喝水"、"我要"、"我喜欢"等要求语,以及"不喜欢"、"我不要"等否定语。

增加词汇量

父母应该准确说出生活中常用的词汇,鼓励宝宝模仿,并帮助宝宝灵活运用到生活中去,以增加宝宝的词汇量,如"吃饭"、"扫地"、"洗手"、"梳头"、"推车"等。

说出姓名

教宝宝准确地说出自己的名字,并教宝宝说出其他小朋友或爸爸妈妈的名字。但是一般情况下不要让宝宝直呼父母的名字,还是要叫"爸爸"和"妈妈"。

用我代替名词

宝宝往往用名字形容自己的东西。父母可以拿着属于宝宝的东西鼓励他说"我的衣服"、"我的床"、"我的鞋子",用"我的"来代替"宝宝的",这也有利于宝宝自我意识的萌发和建立。

用一个词形容家里的人

教宝宝说"爸爸高"、"妈妈漂亮"、"宝宝乖",使宝宝的词汇渐渐丰富起来,以后他还会用词去形容玩具,比如"娃娃可爱"、"大象鼻子长"、"小猪胖乎乎"等。

背诵儿歌

经过2~3个月的学习,有些宝宝已经能背诵5个字一句的儿歌了,有些能记住儿歌的第一句和最后一句。

父母可以让几个宝宝一起背诵,而且要一边背一边表演动作,这种具有游戏性的方式能使宝宝更快学会儿歌。

听故事会纠错

给宝宝讲以前曾讲过的故事,妈妈可以有意把故事讲得与过去不同,宝宝可能会插话来纠正。如果宝宝对故事的不同点没有反应,妈妈可以提醒他,问他:"今天讲的故事跟以前讲的一样吗?"让宝宝自己回忆、比较,然后指出不同之处。

提高宝宝说话的积极性

宝宝学说话是由听再到说。1岁半以前的宝宝能听懂父母说的话,但自己会说的话却不多,说话的积极性也不高。这是因为他们的发音器官尚未成熟,他们的大脑还不能支配唇、舌、喉发出所需要的语音。所以,宝宝只能领会,自己却说不出来。

随着宝宝的生长发育,大约从1岁半开始,宝宝就进入了积极的语言能力发展阶段。

在这个阶段,宝宝对语言的理解能力和积极表达语言的能力得到很快的发展,发音也由不正确到逐渐正确,会说的句子逐渐增多,言语的结构也更加复杂化。

宝宝掌握的词的数量也在不断增加,开始出现了多词句,每一句子一般包括两三个或三四个词,比如会说"宝宝要睡觉"、"宝宝要吃饭"等。而且宝宝开始逐步从父母的语言习惯中掌握语言的基本语法结构了。在正确的教育下,宝宝开始初步学会使用各种基本类型的句子了,包括简单句和复合句。随着词汇量的迅速增加,除了名词、动词之外,宝宝也掌握了其

他的一些词类,如形容词和副词等。比如经常能听到宝宝说"红的"、"真好"、"干什么"、"是什么"等。

父母要多与宝宝交谈,要增强宝宝的自信心。虽然宝宝还不会说很多词,父母也可能听不太懂这些词,但仍然应该认真、耐心地听宝宝说话,使宝宝有机会发展自己的口语;另一方面,尽管宝宝还不能用语言应答,父母也应该积极与他谈话,帮助宝宝树立自信心,这是提高宝宝说话积极性的保证。

适合宝宝的儿歌

儿歌是宝宝成长过程中不可或缺的小伙伴,儿歌句式短小、琅琅上口、词意明确、节奏感很强。儿歌既能让宝宝进行语言训练,又能作为认物、识字的教材。

(1)洗澡:白泡泡,身上爬,小脚丫,水里划。浴盆里,起水花,小宝宝,笑哈哈。

(2)小河马:小河马,张嘴巴,吐口痰,在树下。弄脏了,青草地,惹哭了,花娃娃。

(3)小纽扣:小纽扣,红彤彤,光又滑,真漂亮。只能摸,不能尝,小宝宝,记心上。

(4)学舞蹈:嗒嗒嗒,学舞蹈,

扭屁股,弯弯腰。小孔雀,跳得好,爱运动,好宝宝。

(5)大家来做广播操:春风吹,太阳照,小朋友,起得早,整整齐齐排好队,大家来做广播操。伸伸臂,弯弯腰,踢踢腿,蹦蹦跳,认真锻炼身体好,长大要把祖国报。

(6)小毛驴:我有一只小毛驴,我从来也不骑,有一天我心血来潮骑着去赶集。我手里拿着小皮鞭,我心里正得意,不知怎么,哗啦啦啦,我摔了一身泥。

(7)开火车:小板凳呀,摆一摆,小朋友们坐上来,坐上来啊坐上来。我们的火车就要开,我做司机把车开,轰隆轰隆轰隆,呜!

(8)小星星:一闪一闪亮晶晶,满天都是小星星。挂在天空放光明,好像许多小眼睛。一闪一闪亮晶晶,满天都是小星星。太阳已经向西沉,乌鸦回家一群群。星星眨着小眼睛,闪闪烁烁等天明。

(9)小红花:花园里,篱笆下,我种下一朵小红花。春天的太阳当头照,春天的小雨沙沙下。啦啦啦啦啦啦。小红花张嘴笑哈哈。

外语和方言促进宝宝语言发展

1岁半后的宝宝学会背诵儿歌,即能按顺序记忆后就可以参加集体外语学习了。有些家庭的父母经常用外语同宝宝讲话,这种情况在宝宝刚学讲话时就开始了,当妈妈教宝宝认物时,先对宝宝讲母语,再讲外语。宝宝习惯了这种教法,就能逐渐适应两种语言。用两种语言同宝宝说话,开头说的要尽量慢一些,发音清楚一些,渐渐地宝宝懂得一种东西有两个名字,也就适应了。1岁半~2岁的宝宝注意力集中的时间短，而且坐不住，要用动的教学法，每次教的内容少些。如宝宝爱吃香蕉，喂他吃前，拿着香蕉对宝宝说"banana（香蕉）"，让他开口跟着说几遍才剥开皮让他吃。以后只要看到香蕉都要同他温习香蕉的读法。宝宝喜爱玩具，让他去拿小车，妈妈说"Car（小汽车）"，宝宝听懂后，再让宝宝自己取车，这时可说："give me a Car, please!（请给我一辆小汽车）"宝宝听惯了就懂得妈妈叫他拿小车。父母不必一本正经地让他们像小学生那样排排坐好才开始教，可以在宝宝们走来走去玩东西的同时教他。他会听着妈妈说的话，边玩边学。如果强迫他坐好，他会反抗，反而什么也学不到了。

学习英文同学母语一样，先学物名，后学动词，边学边做，以后学形容词，如东西的大小、颜色、形状等。宝宝同样要积累许多单词才有可能听懂，并学会说话。

念外语儿歌给宝宝听，宝宝也会跟着妈妈说押韵词和最好玩的一句话。教宝宝唱外语歌曲能促

进他们学习的兴趣，并能增强记忆。如果宝宝学英文时，有人同他对话，他学得就很快。

这时有些宝宝学会了看书，不过这个时期对多数宝宝的语言要求应以听说为主，把拼写和阅读放在以后再学。为了避免宝宝将汉语拼音与英文字母混淆，待孩子上小学把汉语拼音学好后，再慢慢学外语拼写也来得及。孩子先会说后会写也是合乎情理的。

由于宝宝周围的人讲话时语

句中会带有方言,宝宝也就不可避免地要学会说方言。许多父母认为宝宝只应学普通话,不必学方言。其实学会方言不但在当地生活上有用,离开故乡以后遇到熟人,和同乡用方言交谈将有更亲切的归属感。尤其是到了国外遇到讲同一种方言的老乡会感觉格外亲切。宝宝从小学会方言等于锻炼了语言能力,为学几种语言打下了基础。一般人都有学习6种语言的能力,让宝宝在语言学习的敏感期学方言并不会增加孩子的负担。

认字和阅读开发宝宝智力

宝宝在1岁半前后会对文字符号感兴趣,多数宝宝都能认一些常见的汉字或数字。例如宝宝看见妈妈下棋学会认棋子上的汉字,妈妈看报时宝宝学会认报头的大字。宝宝喜欢认数字1和8,因为1是直的道儿,容易记;8是葫芦,也容易记。当宝宝学会认字时,妈妈表示惊讶,无形中会给宝宝很大的鼓励,宝宝会以更大的热情去认更多的字。妈妈可以给宝宝看一

些有字的图片,或者自己写一些字卡让宝宝认。宝宝每次认字都得到妈妈的鼓励,会获得成功的快乐,就有再进一步学习的积极性了。1岁半起到2岁的宝宝认字和阅读都会有较快的进步,但是父母应注意不要让宝宝疲劳,要变着花样让宝宝感到认字是一种游戏,新鲜有趣又好玩。待宝宝认得300个字时,就让宝宝自己认读图书上的字。

宝宝经常有不认得的字,妈妈除了告诉他以外,还应马上写在新字卡上让宝宝复习。宝宝学习阅读以后,感到字很有用,而且经常遇到不认识的字后,对学认新字会再出现新的热情。一旦宝宝开始阅读,他认字的热情就会高涨,并能从书

中看懂故事，得到回报。渐渐地，他们就能从阅读简单的《婴儿画报》、《婴儿世界》到阅读《幼儿画报》《幼儿世界》及其他故事书了。

文字是书面的语言，学会看书的宝宝有许多的故事可以讲出来，与小朋友共同分享。这样又能促进他自身语言的发展。

运动益智

适合宝宝的居家运动

居家运动就是指宝宝和爸爸妈妈在家做运动，目的是降低宝宝身体肌肉的张力，使身体放松。

卷起身子让宝宝仰卧，妈妈握住宝宝的双腿将宝宝卷成球状，使其臀部离地朝天，然后再慢慢将宝宝的臀部及腿转向身体的一侧。再向另一侧重复做该动作。

不倒翁

爸爸坐在垫子上，两腿分开，两脚相对，双手握住双脚的脚腕；宝宝坐在爸爸的腿中间，胳膊自然地放在爸爸两腿的外侧，爸爸用双

臂将宝宝固定在怀里。爸爸边念儿歌边做摇摆的动作，最后把宝宝的身体翻转90度后坐起。这个游戏可促进宝宝大脑的平衡能力发

展,并且能让宝宝体验与爸爸一起游戏的快乐。

儿歌：

不倒翁,翁不倒,怀里抱着小宝宝。

左歪歪,右倒倒,摇来摇去摇不倒。

用手支撑

爸爸坐在地板上,让宝宝面朝下,腹部靠在爸爸的大腿上,使宝宝的双手能够撑到地板上。

接着,将爸爸的手放在宝宝的肩膀上用力往下压,然后放松,重复数次。这个游戏能使宝宝在趴的姿势下用双臂支撑,并加强颈部及背部肌肉的控制力。保持平衡让宝宝趴在球上,若有需要,爸爸可以扶住宝宝的臀部或下躯干。接着,爸爸慢慢将球偏向一侧,并等待宝宝自己调整身体位置。这个游戏可使宝宝增强控制身体平衡的能力。

单手够物

让宝宝趴在用被子做成的滚筒上,握住宝宝的双腿使其双膝离地,鼓励宝宝用一只手支撑身体,用另一只手去够取物品。这个游戏能训练宝宝颈部和背部肌肉的力量。

小蹬车

爸爸坐在椅子上,让宝宝站在爸爸的大腿上并面对爸爸,爸爸把手挟在宝宝的腋窝处。爸爸念儿歌,并且双腿随儿歌节奏做蹬车的动作,同时要用慈爱的目光注视着宝宝。爸爸先要让宝宝在腿上站稳并使宝宝的身体保持平衡,当爸爸的双腿做蹬车动作上下交替时,告诉宝宝将身体放松并随爸爸的动作动起来。

儿歌：

小蹬车,小蹬车,爸爸蹬来宝宝坐。

一二三,三二一,乐得宝宝笑嘻嘻。

玩拼图培养宝宝思维能力

要宝宝在一定的时间里,将一堆十分混乱、毫无头绪的图块,拼组成固定的、一块都不能错的美丽图案,确实是一项需要具有敏锐的观察力和相当的耐心才能完成的工作。在相互无关的画片中,寻找能够连接的结合点,对培养宝宝的思维能力是非常好的锻炼活动。

所以,有人把拼图玩具比做补脑的维生素。

为宝宝挑选拼图,一定要选择图案简单、拼块大、块数少、质地较厚实的拼图。比如图案是宝宝喜欢的小动物、童话故事人物、动画卡通或熟悉的交通工具等。而那些块数多,图案复杂,超出了宝宝年龄所能理解的范围,让宝宝看去如坠五里雾中,很快失去兴趣的拼图,千万不要购买。

1岁半～2岁的宝宝已经会走了,这就把他们的双手解放了出来,是时候开始一些手眼协调的游戏了。玩拼图就是一个非常好的选择,让孩子们在玩的过程中学到东西。还有什么能比让宝宝通过触摸和研究每一个字母、每一块地区来熟悉拼音或中国地理更好的方式吗?

宝宝们通过玩拼图可以熟悉三角形、圆形和方形。同时了解这些拼图带来的大量知识。如赛车拼图可以告诉孩子汽车的各个部分,还有赛车的技术数据、得奖情况。建筑拼图可以给你包括建筑风格、建筑历史等大量建筑知识。

宝宝收拾玩具也是种快乐

宝宝玩过玩具后,让他学着自己收拾整理玩具,整理玩具也是培养宝宝独立性和责任心的大好时机。爸爸妈妈要让宝宝了解,他必须得自己收拾好玩具,否则弄丢后可就再也没有玩具玩了。爸爸妈妈要用温和的宝宝能听懂的话语来教导宝宝,尽量少用物质性的条件来做诱导。

不同年龄段的宝宝,心理和能力的侧重点也不一样,因此爸爸妈妈在引导宝宝收玩具的时候要充分考虑到这一点。

如果爸爸妈妈强制性地要求

宝宝把玩具收拾好,容易让宝宝产生抗拒心理,而如果爸爸妈妈能运用一些小游戏来引导宝宝,就会让宝宝觉得收拾玩具也是一种快乐的过程。那么怎样把收拾玩具也变成一种游戏呢?爸爸妈妈可以对宝宝说:"我们给娃娃们盖个房子吧!"然后准备一个大纸箱,贴几张漂亮的卡片做装饰,再画上门和窗户。每次玩过玩具之后,爸爸妈妈就告诉宝宝说:"我们送玩具们回家吧!"然后协助宝宝把玩具全部放回大纸箱里,还可以让宝宝和玩具们说再见。由此推进,还可以给小汽车们建个汽车场。

Chapter 5

聪明宝宝快乐课堂

——2岁~2岁半宝宝智力开发

益智饮食

🍼 给宝宝做香香的饭菜

如果妈妈给宝宝准备的饭菜总是一成不变的,那宝宝肯定会感到厌倦,从而对吃饭失去兴趣。

但是如果妈妈在饭菜里面加入一些别的东西,使它完全变幻成另外一个样子,就一定会从视觉、味觉上引起宝宝的兴趣。

四丁炒饭

材料:米饭50克,土豆10克,黄瓜10克,黑木耳5克,鸡肉10克

材料:花生油、葱花、黄酒、盐各少许

做法:

(1)将土豆、黄瓜切成丁,黑木耳用水发好后切成片,备用。

(2)将洗净的炒锅置于火上,

加入少许油,待油烧热后放入鸡丁煸炒片刻,再加入少许水。

(3)大火烧开后略焖烧一会儿,等鸡丁熟烂后再放入土豆丁和木耳片,烧煮片刻,取出待用。

(4)在洗净的炒锅里加入少许油烧热,放入米饭、葱花煸炒几

下,放入黄瓜丁及事先炒熟的卤丁土豆木耳,加入少许黄酒、盐一起煸炒至入味即可。

彩丽素炒

材料:土豆、蘑菇、胡萝卜、黑木耳、山药各15克

调料:油、盐、芝麻油各少许,水淀粉适量

做法:

(1)先将所有原料切成片,备用。

(2)锅内放入少许油,等油烧热后放入胡萝卜片、土豆片和山药片,煸炒片刻,再放入适量的汤汁,烧开后,加入蘑菇片、黑木耳和少许盐,烧至原料酥烂,加一点味精,然后用水淀粉勾芡,再淋上少许芝麻油即可。

妈妈可以把宝宝平日不爱吃的但又是身体所必需的蔬菜组合在一起,这样宝宝就会被色泽鲜艳的菜品所吸引了,从而使宝宝摄入的营养更加全面。

蛋白质对宝宝智力的影响

宝宝出生后的第1年是其生长发育最旺盛的时期,也是脑组织发育的关键时期,而蛋白质是智力发育的物质基础。蛋白质又是脑细胞的重要成分之一,占脑干量的35%左右,负责主持大脑的兴奋和抑制过程。宝宝的学习、记忆、语言、思维等智力活动都需要蛋白质的参与,大脑细胞的代谢也需要蛋白质,若蛋白质供给不足,就会影响脑细胞的新陈代谢,使宝宝的智力发育受阻。

蛋白质是一种复杂的有机化合物,组成蛋白质的基本单位是氨基酸。人体内的蛋白质种类很多,性质、功能各异,但都是由20多种氨基酸按不同的比例组合而成的,并在体内不断进行代谢与更新。被食入体内的蛋白质在体内经消化后分解成氨基酸,然后重新按照一定的比例组合成人体蛋白质。因此,食物蛋白质的质和量、各种氨基酸的比例等均会关系到人体蛋白质合成的质与量。

促进宝宝智力开发的脂肪

随着生活水平不断提高,家长们已不再担心宝宝营养不足,而是时刻警惕宝宝发胖,长成"小胖

墩"。于是,家长们让宝宝远离脂肪,少吃脂肪。其实,脂肪对儿童的发育起着十分重要的作用,若摄取不足将带来许多不良后果。

脂肪不足,必然会导致供能不足,影响生长发育。性器官和大脑以及其他重要器官的发育,都需要足够的脂肪。脂肪不足,会导致女

宝宝性发育迟缓,导致小儿智力发育不良,各器官功能发育不全,以及体重下降,抵抗力低下等。饮食中脂肪不足,脂溶性维生素吸收下降,可导致体内维生素不足或者缺乏。

有了脂肪的帮助,可促进宝宝脑细胞的发育和神经纤维髓鞘的形成,并保证它们的良好功能。富含脂肪的补脑食物有芝麻、核桃仁及其他坚果类食品。其中,核桃仁富含丰富的蛋白质、脂肪、钙、磷、锌等元素,特别是所含的不饱和脂肪酸对宝宝的大脑发育极为有益。

在喂养宝宝时,最好选用植物性脂肪,如豆油、花生油、芝麻油等,因为植物性脂肪中含有大量的不饱和脂肪酸,是宝宝神经发育、髓鞘形成所必需的物质。喂养时也要控制好宝宝的脂肪摄入量,如果宝宝食用过量脂肪,一方面会影响钙的吸收,另一方面也会因多余的热量不能及时地代谢转化成能量被消耗而使宝宝发胖,对宝宝的生长发育不利。

聪明宝宝快乐课堂
——2岁~2岁半宝宝智力开发

行为开发

宝宝常看电视的利与弊

宝宝天生对颜色及声音有较强的敏感度，五颜六色的电视画面更能吸引宝宝的注意力。美国的一项调查发现，约有30%的家庭有着不看电视也让电视开着的习惯。这种习惯不但会影响宝宝的语言能力发展，严重的还会影响到宝宝的脑部发育。研究者明确指出，父母不要把电视当做阻止宝宝哭闹的"工具"，因为电视会减少宝宝与家人的直接交流，也会对宝宝的正确认知能力产生一定的影响。

为了证明电视对语言能力发展存在影响，研究人员对300名宝宝和家庭进行了跟踪调查。结果发现宝宝看电视越多，他同成年人

的互动就越少，发音的数量及长度也就越少。宝宝看太多电视，不仅会导致语言表达迟缓，还会导致注意力不集中、认知能力低下，从而影响大脑的发育。

最新的脑科学研究表明，当宝宝看电视时，大脑左侧皮质会因注

意力随画面的转移而呈现散乱状态,接受颜色信号的右侧皮质也会丧失信息抑制力,让左右皮质之间的通路减少,造成脑构造破坏的惯性状态。长此以往,宝宝的大脑细胞将受到永久性的损伤,而这种损伤会影响宝宝的正常的大脑功能的发育。

电视常开除了会对大脑功能的发育带来影响外,宝宝的语言交流能力也会受到影响。如果宝宝的耳朵对机械的声音产生反应,那么则会对母亲的声音反应迟钝。有些妈妈认为,电视的声音与人的声音都是一样的。但是电视的声音是机械的,而人的声音则是悦耳和谐的,两者是不一样的。如果宝宝的耳朵适应了电视机械的声音,他们就会对妈妈的声音渐渐失去反应,从而丧失和真实生活中的人交流的能力。受损伤比较严重的宝宝还可能出现自闭的倾向。

音乐挖掘出宝宝的多种智力

研究发现,儿童在没有接受专门的音乐训练之前就已经能够对音乐表现出强烈的反应了,而且能很快地跟随节奏或旋律摇摆。对于宝宝来说,没有什么比艺术教育更适合他们的了,而在艺术的殿堂上,进行音乐启蒙及开发当属最佳。

音乐能调节大脑功能,音乐接触得越早越好,但不要总给宝宝听一两首曲子,听熟后就要进行更换,另外妈妈还可以给宝宝多听一些古典音乐,比如莫扎特、肖邦等伟大音乐家的经典名曲。

节奏感强的音乐,比如打击乐,也可用于开发宝宝的智力。研究儿童能力发展的专家表示,每天让宝宝接触打击乐可增强宝宝的控制能力,让宝宝随着音乐节拍拍打身体部位,可使宝宝有节奏地运动,有助于宝宝建立并发展发散性思维,从而有效刺激宝宝的智力发育。另外,通过有节奏地拍打身体还可以锻炼宝宝手臂肌肉的控制力,为将来完成更精细的动作打下基础。

鼓励宝宝参加家务劳动

宝宝最初接触的劳动就是家务劳动,家务劳动可以让宝宝从小就学习一些劳动技能,养成劳动习惯,有利于培养宝宝的独立能力。让宝宝参与家务劳动的最主要目的是让宝宝的身心健康发展。

2岁~2岁半的宝宝的小手已经很灵活了,这个年龄段的宝宝会对很多事情感兴趣,比如喜欢帮妈妈扫地、擦桌子、择菜等。虽然宝宝很多事情都还做不好,但引导宝宝参加家务劳动的目的不在于宝宝把活干得有多好,而在于宝宝参与的过程,这对宝宝来说意义重大。因为宝宝在做家务的过程中不仅能掌握简单的家务技能,养成良好的劳动习惯,还有利于责任心和义务感的培养。

父母在培养宝宝的劳动习惯时要抓住他的特点,在劳动中加点趣味性,使宝宝更加乐于参与到劳动中来。比如说玩具太乱要让宝宝收好,妈妈可以说:"天黑了,宝贝们都回家了,那么玩具们也应该回家休息了。"然后就和宝宝一起把玩具放回玩具收纳箱。宝宝喜欢玩水和肥皂,妈妈就可以教他洗手绢,洗净后让他晾在自己能够得着的地方,晾干后再让他自己收

好、放好。这样,宝宝就会因为感兴趣而乐意去做家务活了。

注重宝宝专注力的培养

专注力对宝宝来说非常重要,它会直接影响宝宝今后学习和工作的质量。2岁以后的宝宝正处于好动的阶段,出现坐不住的情况是正常现象,但如果宝宝过于好动,一点儿都安静不下来,那就有可能是由教育方式和成长环境造成的。

专家指出,专注力其实是一种可以训练、学习和培养的行为习惯。如果在宝宝正对一种玩具全

身心投入的时候,爸爸妈妈却不适时的打扰、干涉了他,那么爸爸妈

妈就应该自我反省了。建议爸爸妈妈在家里专门设定一个玩游戏的角落,将环境收拾好,尽量减少能让宝宝分心的外界事物,让宝宝在这里专心致志地玩。

不要给宝宝一下子买太多的玩具和图画书,也不要一次性让宝宝玩太多的玩具,这会让宝宝不知所措,造成这个玩具才刚玩一会儿就又去玩另一个,这样很难培养宝宝耐心、专注地做一件事情的习惯。

给爸爸妈妈们推荐一个训练宝宝专注力的小游戏,这个游戏需要爸爸妈妈和宝宝一起玩,这样游戏才会更有意思。

寻找花生壳

道具: 一纸袋花生,三个小盘子。

玩法: 首先,在爸爸、妈妈和宝宝每个人的小盘子里各放10粒花生。将每一粒花生的壳分成两半,然后搅拌,使之散乱。准备好后,随着"开始"的号令,大家就开始依照一半花生壳的形状去寻找另一半,使其吻合成一粒完整的花生壳。最先拼合成10粒的人将会获得胜利。

小宝宝也要有大朋友

在宝宝的世界里,交一个好朋友对宝宝来说意义重大。爸爸妈妈都很注重培养宝宝的人际交往能力,希望宝宝能够交几个好朋友,但是除了同龄的小宝宝外,宝宝也可以结交一些大朋友哦。宝宝和大朋友交往,除了能提高交际能力,智商和情商也会有大幅度的提高,而且人际关系好的宝宝还会给爸爸妈妈挣足面子呢!

很多爸爸妈妈都发现宝宝喜欢跟比自己大的宝宝或者大人玩，这是宝宝心理成长的需要，他们想从大宝宝或者大人的身上学习到更多的东西，认识更加广阔的世界。爸爸妈妈要在宝宝3岁前培养他与人交往的技巧，教宝宝怎样跟别人打招呼，怎样使用礼貌用语，怎样根据人的年龄、衣着等因素准确称呼对方，要对包括幼儿园老师、邻居在内的长辈表示尊敬，能微笑待人并用温和的口吻对人说话。

爸爸妈妈要给宝宝提供与大人接触的机会，经常带宝宝进行户外活动、参加各种聚会、邀请亲朋好友来家里做客或去别人家做客，让宝宝在不同的社交场所接触形形色色的大朋友。

当然也不要忽视了爸爸妈妈的"榜样"作用，通常那些热情好客的父母的宝宝也非常擅长交际，交友也非常广泛。

如何教宝宝上厕所

排尿和排便是宝宝生来就有的能力，像吃奶一样不需要学习，属于非条件反射。但是要让宝宝养成良好的排便习惯却需要反复训练，是一个长期的循序渐进的过程。

爸爸妈妈要观察宝宝排便前的表现，如果发现宝宝神态不安或是突然停止游戏就应该及时让宝宝坐便盆。1岁左右的宝宝坐便盆需要爸爸妈妈的帮助，2岁以后就可以让宝宝独立坐便盆大小便了。但是需要注意的是，便盆要放在固定的地方，最好放在厕所，这样利于宝宝树立正确的如厕场所的观念；便盆要干净且适合宝宝臀部的口径；每次坐盆的时间不要太长，五六分钟即可；坐便盆时不要让宝宝吃东西或玩玩具，以便宝宝能正确认识坐便盆的目的；排便后要教宝宝将手洗干净，养成良好的卫生习惯。

如果宝宝在外面需要上厕所

了应该怎么办呢？首先爸爸妈妈要教宝宝辨认什么是洗手间的标志，还要教其识别哪个标志表示男生，哪个表示女生，让他挑选适合自己性别的厕所。另外还应教给宝宝如何自己脱裤子，男宝宝还要学习如何拉拉链。上厕所的最后一道程序就是擦拭屁股，妈妈要教宝宝尤其是女宝宝，用干净的卫生纸擦拭屁股，特别是在大便后要从前向后擦，避免肛门和尿道、阴道接触而引起尿道炎等症状。

语言开发

多听故事的宝宝更会说

父母多给宝宝讲故事不仅能增进亲子间的交流，还可促进宝宝的大脑发育，帮助宝宝生成喜、怒、哀、乐等多种情绪。研究人员用一种名为机能磁场共鸣画像法的装置对宝宝的大脑活动进行了跟踪，结果发现宝宝脑内负责生成各种情感的"大脑边缘系"部分在宝宝的情感发生变化时也会随着产生剧烈的活动。

"大脑边缘系"主要负责生成喜、怒、哀、乐等多种情感，并催生与这些情感相对应的行为。这一部位对宝宝各种情感的健全发育起着十分重要的作用。

那么怎样讲故事宝宝才喜欢听呢？新鲜有创意的开头比较容易吸引宝宝的注意力，比如用提问式开头、猜谜式开头或者以一首儿歌开头，都是不错的选择；和开头相对，结局也不要一成不变，不然宝宝听多了就不爱听了。要想成为讲故事的高手，故事内容只是基础，父母要在内容基础上进行创

新，随心所欲地发挥自己的想象力，比如"白雪公主和七个小矮人"的故事是所有人熟到不能再熟的，父母在讲故事时可以在情节上做一些更改，可以为宝宝创造一个不同色彩的公主和拥有不同颜色的7个小矮人等。这样一来，故事的情节、结局也就能幻化成好多种，自然会令宝宝每次听时都产生新鲜感。

另外，讲故事的方法也很重要，甚至比故事本身更重要。因此，父母在给宝宝讲故事时要抛开形象，想方设法地给故事里的每个角色设计不同的声音，使宝宝能够融入到故事中。讲故事的关键也就是要把快乐传达给宝宝，只有这样，宝宝才会更加爱听故事。

宝宝说话晚怎么办？

如果宝宝2岁了还不会说话，父母一定会很着急，担心会不会是宝宝的智力出现了问题，这时父母应该找找宝宝说话晚的原因。宝宝的语言发育主要表现在对语言的理解能力上，如果宝宝在其他方面的发育都很正常，就仅仅是说话晚，这可能就是和宝宝的个体差异或个性有关了。一般而言，男宝宝开口说话的时间普遍比女宝宝晚。

针对这种现象，父母要积极为宝宝创造各种听、说途径，为宝宝的语言发展营造良好的氛围和环境，具体包括：

（1）多带宝宝跟小伙伴们交流、玩耍，为宝宝提供良好的话言环境，促进宝宝的语言发展。

（2）鼓励宝宝多开口说话。尽管他说得还不是很好，但父母也要积极表扬他，要有意识地引导他多说话，从单词到多词再到语言的发展，从而让宝宝顺利学会说话。

（3）父母可以教宝宝说一些事物的名称。宝宝刚学说话的时候总是会说一些别人听不懂的话，还会给某样东西创造"新名称"，这时父母就要细心观察他们想要

说什么，然后再教他们说出事物的正确名称。例如，宝宝看到小狗后会很高兴地发出"汪汪"的声音，这时父母就可以接着说："汪汪！宝宝喜欢小狗。"并且要不断地重复"小狗"这个词。

父母在帮助宝宝学习语言时一定要结合宝宝的兴趣，耐心指导，多采取表扬、鼓励的态度，这样不久后就可以惊喜地看到宝宝在语言表达方面的进步了。

育儿专家指出，每个宝宝的语言智力发育情况不同，也许今天还不太会说，明天就能说很多词了。所以，父母千万不要随意地将自家的宝宝与别人家的宝宝做比较，这样会打击宝宝的自尊心和学习语言的积极性。

珍惜宝宝的语言黄金期

科学家研究指出，1～3岁是宝宝发展口语的黄金期，也是学习语言的最佳时机。要是错过了这段时间，会对宝宝的语言和智力发展造成不可弥补的损失。

另外，语言的学习是具有连贯性的，前一阶段的发展必然会影响到后一阶段的发展，也就是说，宝宝的口语发展是否良好会直接影响以后的书面语言的形成和发展。而且语言又是宝宝学习知识和发展人际关系的基础，如果语言发展得不好，宝宝的认知能力和社会生活能力也会受到不利的影响。

语言与思维关系密切，形象地说，语言现象类似于电脑，是一个

完整的信息输入、处理和输出的过程。

2～3岁的宝宝经常一边玩一边自言自语,这正是他的"电脑"处于运算过程中——通过模仿语音进行思维并用语言表达出来的具体表现。

父母与宝宝进行语言交流时要面对宝宝说话,发音口型要准确,声音要轻柔和清晰,而且要设法吸引宝宝的注意力,让宝宝的视线随父母移动。这样做不但能锻炼宝宝的听力,同时也锻炼了宝宝的视力。总之,父母一定要持之以恒地对宝宝进行训练,这样就一定能挖掘出宝宝的潜能。

专家提示,宝宝的语言能力的发展在很大程度上依赖于家庭环境。父母的语言水平、文化修养、文明习惯等情况都会对宝宝的语言能力产生巨大的影响。

和宝宝共享读书时间

宝宝的思维还比较简单,他们的生活就像是一个童话世界,色彩鲜艳、富有想象力的故事和图书就成了宝宝认识社会、感受生活的最好教材。因此,爸爸妈妈不能小看了与宝宝在一起看书的时光,要能够有效地利用读书时间教育宝宝,使宝宝从书中体会到无穷的乐趣。

优美的词句有助于提高宝宝的语言表达能力,能给宝宝带来无尽的想象。"红的墙,绿的窗,金色的屋顶亮堂堂。"这些优美的词句能让宝宝展开想象的翅膀,使宝宝产生模仿、学习的愿望。

曲折的故事情节能提高宝宝的记忆力,增强他的逻辑思维能力。爸爸妈妈一次次地讲,宝宝一遍遍地听,故事情节在宝宝的脑海中就会形成一定的记忆。再给宝宝讲故事时,爸爸妈妈就可以采取一问一答或接上下句的形式让宝宝和妈妈共同讲完一个故事了,这样不但增强了宝宝对故事的理解,而且还可以训练宝宝的记忆力。

创造灵活多样的识字方法

在教宝宝识字的过程中,爸爸妈妈要设计各种各样的游戏来诱导宝宝,使宝宝感到识字能获得快乐,并把识字当做每天必不可少的游戏活动,这样宝宝就会在不知不觉中学会生字了。

做动作

妈妈边教宝宝识字边做动作,如教"跳"字时做一个青蛙跳的动作。凡是动词都可以做与之相应的动作,以加深宝宝对词的印象。

钓鱼识字

把字卡当做鱼撒在地上,让宝宝去"钓",钓来一个字卡教一个字。爸爸妈妈先读一个字,然后让宝宝"钓"标有该字的字卡,宝宝必须钓到那个字并读出来才算钓到了"鱼"。也可以让几个宝宝比赛,看谁钓到的"鱼"最多。用这个方法来复习巩固已认识的字效果很好。

表演识字

让宝宝表演他最喜欢做的游戏中的角色,如果宝宝喜欢当小大夫,爸爸妈妈就让他坐到写有医生的位置上对病人问这问那,用听筒听胸腔、开药方、打针……这时候就可以教他识读"医"、"药"、"病"、"针"等字了。

吃东西识字

吃东西时往往是宝宝最高兴的时候,爸爸妈妈这时教他识字,他的兴趣也会高些。如削菠萝时教"菠"、"萝",切西瓜时教"西"、"瓜",吃棒冰或糖果时教他认识糖纸上的那些字。

踩字过河

在地上画两条平行直线当做是一条河,河中间放若干个字卡当做"桥",宝宝要从"桥"上过"河"去,要读出一个字后才能上前跨一步到前面的字上,读错了就要重读。过了"河"还要从"桥"上返回来,再一个字一个字地读过来复习一遍,要对做到一字不错的宝宝进行表扬。

教布娃娃识字

让宝宝当老师,让布娃娃、小熊、猩猩、企鹅、大熊猫等绒布玩具当学生,爸爸妈妈当班长喊"起立、坐下、识字……"此方法对复习已经学过的字有很好的效果。

运动益智

小拼图拼出大智慧

2岁以后的宝宝对图形概念已经有了一定的理解,同时也具备了一定的动手能力,在这个阶段,爸爸妈妈就可以教宝宝玩拼图了。

玩拼图是一项对综合思维和协调能力的训练:宝宝先要观察,再动脑想,然后动手挑选出适合的图形块,最后把它放在相应的位置上。在这个过程中,眼、脑、手要一起"动",哪一个环节也不能"闲"着。

对于没玩过拼图的宝宝,建议父母让他先从4块式拼图玩起。要选那些图案大、线条清晰、颜色区分明显的拼图。由父母先演示如何拼图,并让宝宝仔细观察拼出图案的过程,接着父母可以将其中的一块拼图拿走,使完整的拼图少

了一块，然后让宝宝观察拿走那块拼图上下左右的图案、边线及颜色

特征，并让宝宝尝试着将移走的拼图放回原位。当宝宝能够将拿走的拼图归位时，父母就可以再试着拿走两块拼图，同样让宝宝通过观察使拼图归位。当然，父母在游戏中也可以提醒宝宝，比如"两块拼图颜色一样吗？""可以放在一起吗？""这块拼图的线条与所缺拼图的线条能对上吗？"使宝宝能够顺利地将拼图归位。父母还可以通过拼图让宝宝学习从边到角、从上到下、从左到右的对应关系和空间概念，这些对宝宝的智能发展都有很大的帮助。

打电话识数字练宝宝记忆力

打电话是宝宝非常喜欢的小游戏，通过这个游戏不但可以让宝宝认识数字、发展记忆力，还可以锻炼宝宝的语言表达能力和交流能力。

首先要准备好固定电话和手提电话。妈妈告诉宝宝电话号码，让宝宝一会儿打电话。电话号码要简单一些，最好是固定电话的前几位数字。宝宝用手机拨号码，妈妈在旁边察看，如果宝宝拨对了，妈妈就模仿电话铃声"铃——"表示接通，然后拿起电话和宝宝聊天。如果宝宝拨错了，妈妈就不接电话并在一旁提示："对不起，你的号码拨错了，请重新再拨。"提醒宝宝重拨，直到拨对为止。

游戏可以反复进行。爸爸妈妈可以根据宝宝掌握的情况逐渐增加电话号码的难度，直到让宝宝学会拨家里的电话号码或家长的手机号码。

增强宝宝记忆力的小游戏

记忆是知识的宝库，有了记

忆,智力才能不断发展,知识才能不断积累。下面提供几则有助于增强宝宝记忆力的小游戏。

看图记忆

让宝宝看一张画有好几种动物的图片,限定他在一定时间内看完。刚开始时间可以长些,以后可以逐渐缩短看的时间,然后将图片拿走,让宝宝说出图片上都有哪些

动物。如果他记住的不多,爸爸妈妈可以引导他分类记,如鱼类有几种,鸟类有几种,兽类有几种,这样宝宝就能记得快些了。

从哪儿开始

给宝宝讲有连续性的童话故事,并让宝宝记住每天讲到哪儿了。第二天再开始讲时,可以先问问宝宝:"昨天讲到哪儿了?"长期这样训练可以有效地提升宝宝的记忆力。

玩具运动会

爸爸妈妈给每个小动物玩具编号,让宝宝记住每个号牌。然后妈妈将号牌拿出来打乱,再让宝宝把每个小动物原来的号码贴在它们身上,让宝宝把号码和小动物一一对号入座。

字词记忆

和宝宝看电视或读书的时候,爸爸妈妈应要求他注意记住故事中人物的名字,然后让宝宝回忆每个人的名字。也可以让宝宝重复之前给他讲过的故事,看他能记住多少;也可以让他在一定时间内说出一些他熟悉的词汇,如交通工具、生活用品、动植物等方面的词,看他能记住多少。

培养宝宝交际能力的小游戏

爸爸妈妈可以运用角色游戏使宝宝在游戏中模仿现实生活,再现社会中的人际交往,练习社会交往的能力,以提升人际交往智能。

到"熊爸爸"家作客

由爸爸扮成"熊爸爸",妈妈带领宝宝去"熊爸爸"家做客。妈妈拉着宝宝的手敲敲门,里面的熊爸爸问:"是谁在敲门?"妈妈教宝

宝回答:"我是……"然后熊爸爸来开门,这时妈妈就可以教宝宝如何打招呼、如何拥抱等礼仪。可以重复游戏,让宝宝自己到"熊爸爸"家做客,也可以让宝宝当主人来招待爸爸和妈妈。

我来当医生

准备一些玩具娃娃、听诊器、白色衣服等道具,然后由妈妈扮医生,宝宝扮护士。医生给生病的玩具娃娃看病,先询问哪里不舒服,然后用听诊器听听看,再给病人开药方并叮嘱病人记得吃药和休息,最后要指导护士该如何照顾病人。妈妈可以和宝宝互换角色,让宝宝当医生,体验如何与病人、护士沟通。

我是谁

爸爸妈妈在日常生活中要经常喊出宝宝的名字,大名小名都可以,要让宝宝逐渐习惯这样的称呼,同时要引导宝宝用自己的名字称呼自己。比如在分点心的时候妈妈可以问:"谁要吃饼干啊?"或者拿着布偶问宝宝:"你好,我想跟你做朋友,请问你叫什么名字啊?"然后引导宝宝用自己的名字作答,"×××要吃。""我叫×××,我也很想和你做朋友。"

Chapter 6

智慧宝宝得勋章

——2岁半~3岁宝宝智力开发

宝宝不想吃饭的对策

令爸爸妈妈非常头疼的事就是宝宝不想吃东西,但一般说来不是宝宝故意要厌食的,爸爸妈妈应弄清楚宝宝厌食的原因。

在宝宝的食量上爸爸妈妈不可强求,要让宝宝在安静愉快的情况下进餐。如果在进餐过程中,给宝宝留下记忆的总是一些不愉快的事情,那么宝宝就自然会形成条件反射,表现出厌食。

随着生活水平的日益提高,不仅爸爸妈妈会给宝宝买零食,亲朋之间也习惯以各种精美的食物送给宝宝作为礼物,如鸡蛋卷、巧克力派、薯片等都是常见的食品。宝宝常吃零食会使血液中的血糖含量增高,导致没有饥饿感,在吃饭时间不好好吃饭,饿了又吃零食,从而形成恶性循环,致使宝宝产生厌食。此外,因不能吃到营养丰富的饭菜,如鱼、肉、蛋等,又会使宝宝体内缺锌,这也会与厌食形成恶性循环。锌在动物的卵中含量丰富,肝、瘦肉、鱼、蛋、干果中也都含有锌。宝宝要在医生指导下服用锌剂。因此,一定要控制宝宝的零食,不能随意吃,吃多了会有反面影响。

生病也会导致宝宝不爱吃饭。宝宝若经常感冒、拉肚子或患其他慢性病,就会因病尚未愈,或服用药物而引起厌食。此时,爸爸妈妈可和医生探讨改进治疗而增进食欲的方法。

宝宝的良好进餐环境

宝宝吃得津津有味,爸爸妈妈心里就会感到满足,会觉得特别幸福。对宝宝来说,用餐时间不单是为了满足食欲,也是和妈妈进行交流的快乐时光。"好吃吗,宝宝?""宝宝今天吃的可真多呀!"宝宝是可以体会到妈妈说话时脸上的笑意的。

在进餐时要让餐桌充满妈妈与宝宝的快乐情绪和满足感。为了使宝宝吃得好,白天,充分让宝宝玩耍。另外,在宝宝吃饭的时候,要温和地对宝宝说说话。这并不是为了让宝宝吃很多,而是要把宝宝培养成能自己快乐吃饭的孩子。通常,宝宝在这个时候都还不太能吃,浪费食物、边吃边玩、偏食等情况很严重,但只要宝宝有好的情绪和好的精神就行,不必太在意。妈妈不要一个劲儿地只想让宝宝吃。等那个时期到了,宝宝自然地就会开始吃。

宝宝有时也有要自己吃的欲望,并且揉搓食物,但因还不能很好地使用汤匙,这时就会用手去抓

着吃,妈妈对这些行为都不要生气,在下面垫张报纸或胶布,宝宝即使把食物弄洒,也不要去责备宝宝。

要重视培养宝宝自己吃的积极性,宝宝弄得脏兮兮时虽然费妈妈的工夫,但总是由妈妈来喂食的话,宝宝便永远无法自立。

让宝宝便于进食要注意以下几点:

(1)切得小比较容易吃。如果食物过硬或过大,即使宝宝有很大的食欲,也不可能吃。但有时,也不完全是因为咬不动,也有不喜欢那个食物的原因。体积大得不

容易吃的食物,爸爸妈妈们就将它切得小点,让宝宝吃得容易一些。

(2)摆放漂亮些。宝宝看到装盘很普通或盘子脏兮兮的就会没有进餐的欲望,所以,妈妈们应尽量将食物摆放美观一点以增加宝宝的食欲。

妈妈有空时,也可以想办法将食物切成可爱的装饰图样,这样,宝宝会更喜欢。

宝宝喝汤有讲究

肉汤、鸡汤、鱼汤被很多人认为是营养上品,集合了鱼肉的营养精华,而且容易消化。常以各种汤类来喂养婴幼儿,而把煮过汤的肉和鸡看成是中药被煎过后变成的药渣一样,其营养成分所剩无几。殊不知,这是极大的误解。

鱼肉类汤,味鲜可口,但味鲜可口并不是营养丰富的标志。大家知道,汤之所以特别鲜,是因为经水煮后鱼肉中一些氨基酸溶于汤内,氨基酸是鲜味的主要来源,我们熟知的味精的成分便是人体所需的氨基酸之一。鱼肉类经水煮后,一部分氨基酸从蛋白质内解离出来溶于汤中,饮用后可直接被肠道吸收。因此,喝鱼肉汤有利于消化功能异常的人。煮的时间越长,被溶解的氨基酸相对越多,但是充其量不过占该鱼肉总量的5%左右。还有95%的营养成分留在那"鱼肉渣"中,只喝汤不吃肉,等于是丢了西瓜捡芝麻。

以汤为食品主体的喂养方法,使宝宝习惯了饮汤,他的咀嚼、吞咽功能会因得不到应有的训练,而有所下降。如此下去,还会直接影响到宝宝胃肠道的消化和吸收功能。营养物消化吸收不良与蛋白质不足是导致宝宝营养不良而生长迟缓的主要原因。这样的宝宝还往往缺锌。锌以蛋白质结合的形式存在于肉类、蟹及乳类食品中,它不能直接溶解在汤内,因此只饮汤而不吃肉会导致宝宝缺锌。缺锌引起的味觉迟钝又是食欲差甚至厌食的诱因,结果蛋白质缺乏及缺锌之间形成恶性循环。更重要的是,锌是促进儿童生长发育的重要元素,缺锌的宝宝会比较矮小,宝宝的身高显著落后于正常饮食的儿童。这些宝宝的爸爸妈妈通常是感慨万分,认为自己花了钱买最好的鸡鸭鱼肉,精心熬汤,可谓费尽心机却养不出一个发育正常的宝宝!

请不要再把"优等汤"当做宝宝的主要营养品了。当宝宝出牙后就应开始添加半固体食品,如肉末、土豆泥、蔬菜粥等,用来训练宝宝的咀嚼能力,促进消化道功能发育成熟,使宝宝能吸收足够而全面的营养物质。

防止宝宝营养过剩

随着人们生活水准的不断提高,肥胖儿也有所增加。通常这种肥胖是运动不足和零食吃得太多造成的。因此,爸爸妈妈要注意,不要让宝宝摄取过多的零食、点心、加工食品、清凉饮料等。

营养过剩的原因有以下几方面:

脂肪摄入过多

爸爸妈妈无限量地鼓励儿童摄入富脂食物,对其健康危害较大。宝宝在2岁以后对肥肉和富脂食物特别喜欢,一是此类食物质软味美,二是此时期儿童对脂肪的油腻感较为迟钝,故吃得较多。正是因为宝宝们在此时期过多摄入脂肪,到学龄期便长成"小胖子"。

据国外资料显示,5周岁以前的宝宝过多地食用富脂食物,成年后体形肥胖者占74.8%,而其中患冠心病者将达80%左右。为此,专家们告诫爸爸妈妈们,预防冠心病应从宝宝期开始,少吃富脂食物就是其中的一项重要措施。

糖类摄入过多

在宝宝食品方面,我国似乎并没有创新,仍然重蹈发达国家早期儿童食品以糖类取胜的旧辙。虽然这迎合了宝宝的口味而且销量可观,但是这对宝宝的健康来说并无益处。宝宝期摄入糖分过多,除会转化为脂肪储于体内而产生肥胖以外,还可能会导致出现龋齿、消化不良、厌食等症。

蛋白质摄入过多

儿童过多地摄入鸡蛋、牛奶、奶酪、精肉、强化麦乳精等富含蛋白质的食品,会增加胃肠负担,使其功能紊乱,日子久了会产生消化不良和厌食。

所以,适量摄入蛋白质,以维持生长发育之需是必要的,而防止蛋白质摄入过多,也是很重要的。人工喂养的宝宝此方面要更加注意,一般说来,以每日每千克体重4克为宜,并注意供给宝宝足够的水。

现代儿童饮食的科学化,势在必行,其中的学问是很多的,但也是易懂易做的。所以,年轻的爸爸妈妈们,应努力学点营养科学知识,摒弃那些陈规陋习的喂养方法,要做到心中有数,并制定相应的措施,使儿童饮食科学化。

乳饮料不能代替牛奶

当前在商店超市的货柜上,摆满了各种所谓的乳饮料,认为乳饮料就是牛奶的消费者不在少数,其实,乳饮料绝不等同于牛奶。国家在此方面有明确的规定。规定中这样指出:各种市售牛奶的蛋白质含量不得低于2.9%,花色奶的蛋白质含量不得低于2.3%,且必须在包装物的显著位置上标明,以明示消费者,否则可视为不合格产品。而含乳饮料蛋白质含量只要不低于1%即可视为合格,乳酸饮料和乳酸菌饮料蛋白质含量只要不低于0.7%,即为合格。由此可知,乳饮料不能代替牛奶。但有一部分爸爸妈妈认为乳饮料口味较好、易于被儿童接受,故把乳饮料等同于牛奶给宝宝饮用,这是十分不科学的。长此下去,很可能影响儿童的智力和生长发育。其实,消费者在购买饮料制品的同时,只要稍加留意,就可以发现乳饮料的商品标签中第一项已明明白白写着"水","水"的后面才是"牛奶",而且也注明有各种调味剂、防腐剂,但牛奶是绝对不允许加入任何防腐剂的。最后,值得一提的是,牛奶经发酵除去乳糖后的奶制品,其蛋白质含量与牛奶相似,且风味更好,更易于消化。对牛奶过敏者可食酸奶。

吃糖多危害宝宝健康

近年来,由于生活水平的提高,爸爸妈妈更是舍得为宝宝花钱,为了宝宝的健康成长是不遗余力,再加上宝宝们都喜欢甜食和甜饮料(因为甜味是人与生俱来的第一味觉,代表着安全无毒,代表着提供能量——妈妈的乳汁就有淡淡的甜味),所以,宝宝们的糖摄入量普遍偏高。由此,许多爸爸妈妈不免心中疑虑,到底该给宝宝吃多少糖才合适呢?

美国一项最新调查发现,学龄

前儿童每天居然从膳食当中吃到17勺糖!宝宝们的健康和体质因这些糖而受到损害,因为宝宝一旦把胃口给了糖,他们就无法吃足够多的其他天然食物,而这些天然食物才是保证他们营养和健康的关键所在。

无独有偶,在中国,最近的调查表明,越是收入高的家庭,越是为宝宝花很多钱的家庭,宝宝越有可能发生营养素的不足。这种问题的出现,和食物中的糖也大有

关系。

宝宝天生具有一个"内部控制系统",只要吃到足够多的热量,他们通常就会停下嘴来。也就是说,宝宝的胃口是有限的。每1克白糖含有4千卡的热量,所以,如果食物当中添加了糖,就会平白增加很多热量,宝宝就会更容易饱。如果他们吃了甜东西之后觉得饱了,就不肯再多吃东西了,于是,其他很多营养丰富的东西就会被远离宝宝的胃。

可是遗憾的是,白糖除了热量,几乎什么营养价值也没有。它不含有蛋白质,也不含有维生素,几乎不含有钙和铁,也没有一点膳食纤维。它进入人体内后,还要消耗身体储备的维生素,否则就无法代谢分解。如果宝宝靠它来填肚子,对身体发育的影响可想而知。而且糖还会影响酸碱平衡,消耗体内的钙,让宝宝容易变成"豆芽菜",而且增大患近视的危险,所以,爸爸妈妈们给宝宝吃糖要慎重。

如何给宝宝选择冰凉甜品

在炎热的夏日,宝宝们都喜欢吃冷饮,这些冷饮除了能降温,还因其美味可口而深得宝宝们的喜爱。冰激凌肯定是宝宝们的最爱,雪糕和冰棍每天都少不了,刨冰总能让宝宝们绽开笑容,果味酸奶大受欢迎,各种清凉饮料更是在冰箱里占据了不小的空间。

吃了这些夏日甜食,宝宝们展颜欢笑之余,吃饭的胃口多多少少会受到一点影响,这让做爸爸妈妈的有些踌躇不安。这些甜食本身的营养价值怎么样?吃多了对宝宝的健康有什么影响?有没有既健康又美味的夏日甜食呢?

冰激凌

出乎很多爸爸妈妈的预料,冰激凌其实是一种营养价值相当高的甜食,因为它的主要原料是鲜奶、奶粉、炼乳、稀奶油等和鸡蛋。在炎热的夏季,冰激凌可以为宝宝提供不少营养物质,因为其中脂肪、蛋白质和B族维生素含量都比较高,钙含量也高于普通食品,但是它含铁、锌等矿物质比较少,不含维生素C和胡萝卜素,因此并不能代替日常饮食。由于冰激凌含有较高的能量,同时温度很

智慧宝宝得勋章
——2岁半～3岁宝宝智力开发

低,饭前吃冰激凌会影响食欲。胃里的消化酶要在体温下才能发挥作用,如果吃了大量冰冻食物,酶活性就会降低,胃部血管收缩,很容易导致宝宝消化不良。所以,冰激凌应当在两餐之间食用,而不应是在饭前或刚吃完饭的时候。

雪糕

雪糕当中含有较多蛋白质和糖分,因此吃完之后并不会令宝宝感觉解渴,相反会感觉更加口渴。所以,它只能让口腔暂时感觉凉快,却并不具备解暑作用。某些宝宝吃了过多的冰激凌和雪糕之后,可能发生"上火"迹象。雪糕制造中所用的"植物油"也很可能含有"氢化植物油",特别是仿巧克力的、高温下不容易融化的产品,所以不宜吃得过多。

冰棍

冰棍的主要成分是水和糖,也加入部分果汁、果泥或豆沙等配料。从解渴的效果来说,冰棍比冰激凌和雪糕的效果略好,但远远不及茶水和豆汤等天然传统解暑食品。总体而言,冰棍的营养价值较低,其中蛋白质、维生素和矿物质含量均不能与正餐相比,而其中大量的糖分又会让宝宝产生饱腹感,干扰正餐的食量,易引发营养不良。

刨冰

刨冰的主要原料是碎冰、浓缩果汁、水果块和白糖等,有的也加入炼乳、椰浆、豆沙等。由于有新鲜水果做原料,它的营养价值略高于冰棍。

爸爸妈妈如何给宝宝选择糕点

糕点由于其口味独特,是宝宝们不可多得的零食。有的宝宝甚至每天都用糕点充饥,达到了狂热的程度,无糕点不欢。看到宝宝这样偏爱糕点,爱子心切的爸爸妈妈们,往往会忍不住要给宝宝买,而宝宝甚至会恳求妈妈买一块糕点马上坐下享用。妈妈们希望美食与身材兼得,更希望宝宝美食与健康得兼。那么在西饼店花样繁多的糕点面前,究竟怎样选择食用才能与美味和平共处呢?

糕点美味从何而来?

甜点之所以具有令人陶醉的色香味和口感,关键就在其原料配制上。面粉中的淀粉和蛋白质是制作甜点的基础,它们具有一种奇

妙的特性:可以和白糖和油脂充分混合。混合后,面团的质地就发生了微妙变化:加糖使它变软,加油则使它不黏,加入黄油和起酥油还能让糕点分层、变酥。只要恰当地使用油和糖这两种原料,就能控制口感和质地,做出美味的点心。

可惜,白糖、油脂和面粉三样东西加在一起,就给甜点带来了相当高的热量。面粉本身几乎不含脂肪,但一旦添加白糖和油脂,体积上看似乎没有什么变化,内容当中却悄悄地增加了大量的热能——这正是甜点比米饭馒头之类主食更容易使人发胖的原因。人们热爱甜点,在某种意义上就是热爱白糖和油脂。

美味糕点的热量就是这样膨胀起来的?

白糖和油脂对食物的热量究竟有多大影响?每1克面粉只含有3.4千卡的热量,而每克油脂所含的热能为9千卡,白糖为4千卡。如果面团当中加入了油和糖,它所含的水分就会下降,而热量肯定会大幅度上升。100克馒头的热量仅有208千卡,而100克普通蛋糕的热量却是347千卡,100克酥皮点心的热量更高达430~520千卡——它们的体积甚至比同样重量的馒头还要小!

其他配料对糕点的美味也有重要的贡献。蜂蜜或饴糖不仅能

赋予糕点美妙的甜味,也有助于表皮的红润与芳香;蛋黄的乳化作用让糕点细腻润泽,蛋清的起泡作用让糕点松软多孔;奶油让糕点的滋味更为饱满芳香;奶酪让糕点具有经典的浓郁味感;巧克力、咖啡、葡萄干、西梅、果脯、豆沙、枣泥、果仁、芝麻、肉松、火腿等配料给花色面包增加了更多的魅力。可惜,其中大部分内容也都给糕点带来了不少的热量,特别是巧克力、奶油和奶酪。

巧吃零食有助宝宝健康

零食的营养价值根据其种类的不同而有很大差别,有的营养成分近似主食,有的标新立异,含有一些稀奇古怪的营养成分和微量元素。正常情况下,宝宝通过一日三餐即可满足机体对营养素的生理需要,没有必要再去吃零食。但在某些特殊情况下,吃些零食对身体是有好处的,只要爸爸妈妈控制好这个度就可以了。

有的妈妈不敢给宝宝吃零食,是因为宝宝一吃起零食来就没完没了,总也没个够,零食吃多了,他就不好好吃正餐了。其实,导致宝宝不好好吃正餐,不见得就是吃零食引起的。如果妈妈注意以下几点,就可以有效地控制宝宝过多吃零食。

妈妈应在自己身上多找原因

一般特别爱吃零食的宝宝往往都有进食问题。妈妈应在自己身上多找原因,如是否在正餐时逼迫宝宝吃不喜欢的东西、总是催促宝宝快吃,没有营造一个安静愉快的进食环境,结果导致宝宝正餐没吃好,只好依靠零食来弥补。

饭菜的外观要吸引宝宝

零食通常在色、香、味、形上迎

合了宝宝的好奇心,因此非常吸引宝宝。如果妈妈做的饭菜外观不漂亮、口感不舒服,宝宝就很容易依赖零食。所以,妈妈在为宝宝做正餐时要在色、香、味、形上多下些工夫,以吸引宝宝的注意力。宝宝正餐吃好了,对零食的兴趣自然也就降低了。

不要用零食来宠宝宝

有的妈妈对宝宝的要求百依百顺,如宝宝觉得零食好吃,便允许他没完没了地吃,一味地迁就。这不是宝宝的问题,而是妈妈本身的问题。其实,妈妈稍微耍点小心思,宝宝就不会为了要吃零食而闹腾了。比如,在给宝宝拿零食时,最好不要让他看见装满零食的盒子。因为,宝宝一旦看见盒子里还有,吃完马上还会再要,这么大的宝宝是根本不可能克制自己的愿望的。妈妈可事先把要给宝宝吃的零食拿出一点,放在一个器皿里,宝宝以为就这么多,吃完了自然也就罢休了。

不要采取吊胃口的做法

不能为了引诱宝宝做某些事,就用他们喜爱的零食来吊胃口。这样做会使宝宝养成消极、被动做事情的不良习惯。

行为开发

走进大自然的聪明宝宝

大自然中有着无穷的欢乐,大自然中也有着学不尽的知识。一个人从小到大身心健康的成长始终是离不开大自然的。其实在这以前,宝宝就已经开始认识自然了,如看图片中的植物、动物、大气等。随着宝宝各方面能力的不断增强,应让宝宝进一步更广泛地接触、观察、认识大自然,这对宝宝来说是非常有意义的。

在观察自然界中的花草树木、动物以及风云雨雪中,宝宝的知识会不断地增加,而且在其观察的过程中,宝宝的注意、分析、观察、判断、概括、想象等能力都会有所提高。在观察中,也会提高宝宝对自然界的兴趣和好奇心;在观察中,

大自然还给了宝宝充分的阳光,新鲜的空气,更广阔的视野;在观察

中,大自然会展现她丰富多彩的生命和现象,给宝宝美的熏陶。这些都是毫不夸张的,尽管宝宝在小时并无任何明显表现,但是有潜在影响的。如果爸爸妈妈对世界上一些著名的诗人有所了解,便会体会到大自然美的熏陶是多么重要。

在具体的观察中,爸爸妈妈可先从宝宝身边的环境开始,观察宝宝感兴趣的事物,如蚂蚁搬家、美丽的花朵、树木、小狗、小鸟、下雪、

天空的云彩等。

在实际观察中，大人要结合实物给宝宝讲一讲基本的、简单的知识，如事物的名称、明显的特征等等。例如花和树叶有何不同，花是五颜六色的，有香味的，能吸引蝴蝶和蜜蜂采蜜，同时可以传授花粉。叶子大部分是绿色的，是制造食物的地方，树根从地下吸到水分，通过树干树枝送到花和叶子上，叶子造好的食物，也由树干分送到各个部位，或者储存在根和茎上。

动物会叫，也会自己寻找食物，如寻找果子、蔬菜、野草等作为食物。

植物不会叫，它们有根、茎、叶，可以自己制造食物，不仅是供自己用，而且也为动物和人类提供食物。我们吃的粮食就是植物的种子，蔬菜和水果都是植物。

有些鸟冬天要飞到南方过冬，夏天飞到北方。它们不仅有翅膀，而且也还有两条腿，它们也能站在陆地上行走。

鱼类是通过它们鳍的帮助在水中游泳，它们没有腿。它们的尾巴起到在水中定方向的作用。鱼类是以水中的动植物为食物，只有在水中它们才能生存，离开水它们很快就会死亡。也可在实际观察中启发宝宝去体会，比如观察猫妈妈辛苦地喂自己的宝宝（小猫）。花草树木昆虫等都有生命，要从小培养宝宝对生命的爱护，对大自然的爱护。

培养宝宝按部就班的习惯

养成有条理的生活习惯在宝宝日后的成长发展中起着很重要作用的，而这一良好的习惯是要从小养成的。

学习次序，可从多方面进行。比如妈妈给宝宝讲故事，故事的发展是有情节始末的。爸爸妈妈在讲故事时应按先后次序叙述，并且要按书的情节叙述。尤其是在讲一个宝宝已经较为熟悉的故事，宝宝对故事中的某个语句都已能准确地记住了，这时大人如果讲得与书中所写的语句不一样，尽管意思一样，宝宝也能嚷"不对，不对"。

此外，在日常生活中，如早上要洗漱完之后再吃饭，晚上睡觉脱衣时要按脱下的次序依次放好,这样就便于第二天早上起床时穿拿。要把家中的日常用具放在固定的地方等等。另外,大人也可通过提问来练习宝宝对次序的掌握。比如穿衣时可问:"可不可以先吃饭,再洗手?""可不可以先睡觉,再脱衣服?"等等。

培养宝宝正确的时间概念

生活是要有规律的,而有规律生活的具体表现是时间概念。通常宝宝的时间概念以生活中具体的内容为准,如洗漱后才可以吃早饭,午饭后要午睡,晚上爸爸回家后一起吃晚饭,饭后爸爸、妈妈要和宝宝一起做游戏,然后吃水果,睡觉前要洗澡等。宝宝在掌握了这些时间概念后就能按此更有规律地生活,如当宝宝要求做某事时,妈妈告诉他"等晚饭后"或"等妈妈收拾完以后"时,他就会耐心地等待了。

也有些宝宝在幼儿园里会学着大人的样子认钟表,他们的时间概念便可表现为时针的位置角度,尽管他们看不懂那是几点钟。比如,当宝宝看到指针指到某一位置时,他就知道该吃饭了。

爸爸妈妈们也可让宝宝学习区别早上和晚上。

早上起床时,妈妈说"早上好,宝宝"。让宝宝说"早上好,妈妈"。边起床边向宝宝介绍,如"早上天亮了,太阳爷爷就快出来了,咱们也要穿好衣服出去看看"。要打开窗户和窗帘,使宝宝享受新鲜的空气和阳光。白天可以带宝宝出去玩,也可待在家中玩。白天天很亮,就没有开灯的必要。到了晚上要给宝宝介绍"天黑了,外面什么都看不见了,要把灯打开才看得见,咱们快吃饭,洗澡睡觉",这样能使宝宝分清早上和晚上,并让宝宝学习说"晚安"。此时妈妈应留在宝宝的身边,因为他会再睁开眼睛,如果这时妈妈还在身旁,他就能安心入睡。不妨向宝宝多道几回"晚安",让他将词汇熟练掌握。

如果周围的环境发生改变,比如外出郊游,去陌生的亲戚家等都会打破宝宝的生活规律,同时也不利于宝宝对时间概念的理解与掌握。所以,这个年龄的宝宝应尽量少变更生活环境,在幼儿园的也不宜是全托,宝宝晚上应与爸爸妈妈在一起。

教宝宝不同职业的称呼

妈妈带着宝宝外出时,经常可以遇到不同职业的人。如乘公共汽车时,认识售票员和司机;到医院看病时认识医生和护士;跟妈妈到书店就会认识售货员;与爷爷买报纸就会遇到卖报人;也会在家遇到给家里送信的邮递员;在饭店用餐时会认识服务员;在农田里会看到种地的农民;在工地会看到修路的工人;早晨在马路上会看到清扫道路的清洁工等。

爸爸妈妈要随时随地给宝宝介绍不同的职业所做的工作和用途,使宝宝学会尊重做不同工作的人,和各种人积极配合,如不随地扔东西,以免清洁工更辛苦。把碗盘的食物吃干净,以表示尊敬做饭的人。看病时不哭,使医生可以安心给宝宝诊断,等等。

教宝宝学会分清事物属性

宝宝经常将物品按用途分类,他们常以吃、穿、用、玩等用途把物品区分开。可以用图片或实物试分,以后学习口头快速分类。过去曾用过的认物图片可以用来学习分类。将它们按吃、穿、用、玩及其他类分放5个盘子,再逐个盘子检查有无放错地方,使宝宝进一步认清物品的用途,从而使宝宝分清类别。

此外,还可以教宝宝学习口头分类,爸爸妈妈说物名,宝宝说用途。也可以由宝宝说物名,爸爸妈妈说用途。互相问答,范围可以无限扩大。凡是临时不好分的,如雾、云、风等都先放其他栏中,以后再解决。

还可以教宝宝快速分辨能力,例如口头举出4种东西,挑出其中哪一种是吃的如:香蕉、盘子、被子、梳子。如果宝宝仔细听,马上就知道香蕉可以吃,不仔细听就答不对了。又如,在水果当中,挑出哪一种是剥皮才可以吃的:苹果、梨、橘子、桃子,看看宝宝能否分辨出来。

培养宝宝各种应用的礼貌

在宝宝学习语言表达的过程中,除了利用游戏加深他的印象以外,日常生活中的机会教育也是相当重要的。

在任何一个团体里,如果不讲礼貌,都是无法享受到有趣的生活以及丰富的社会生活的,因为人际关系的好坏是极其重要的。

教育宝宝成为有礼貌且受欢迎的宝宝,是爸爸妈妈的天职,也是在语言辅导中很重要的一课。在日常生活里,自早晨起床、午间、一直到深夜,生活中的一些小礼仪,有许多都是爸爸妈妈应该教导给宝宝的。

例如,在每天晚上睡觉前,训练宝宝对家人说:"晚安。"

爷爷离开时说:"爷爷再见。"

上桌吃饭前以及吃饱欲离席时的礼貌都是爸爸妈妈不可忽略的。尤其是有客人来访时,"你好"、"再见"等礼节都是必须教导宝宝的。当听到自己名字时要给予回答等,都是使宝宝成为受欢迎的人的因素。

提高宝宝记忆力的5种方法

学习的过程,就是知识累积的过程。学得知识多了,我们就需要记忆力来维持知识在大脑里的停留与存储。记忆力不等于单纯的死记硬背,它是知识创新的基础与保证。只有拥有良好的记忆力,智力才能不断发展,知识才能不断积累。

为此，家长们可以参考下面罗列出的5种有助记忆力的方法：

依次说出名称

把6样东西按先后次序排列在桌上，让宝宝看上几十秒钟，然后遮起来，要求宝宝凭记忆依次说出这6样东西的名称。让宝宝闭上眼睛，说出你穿戴的衣帽鞋袜是什么颜色的。如果你也闭上眼睛说出他穿戴的衣帽鞋袜的颜色，将会引起宝宝对这种游戏的更大兴趣。

找物品

当着宝宝的面把8种不同的小物品分别藏好后，再让宝宝将这些物品一一找出来。

看图说话

把15张不同内容的图片放在桌上，叫宝宝看一会儿，然后盖上。要求宝宝把所看到的图片内容尽可能准确地叙述一遍。

"飞机降落"

将一张大纸作为地图贴在墙上，纸上画出一大块地方作为"飞机场"。再用纸做一架"飞机"，写上宝宝的名字，上面按上一枚图钉。让宝宝站在离地图几步或十几步远的地方，先叫他观察一下地形，然后蒙上眼睛，让他走近地图，并将"飞机"恰好降落在"飞机场"上。

看橱窗

这个游戏适合在带宝宝外出时进行。路过商店橱窗时，先让宝宝仔细观察一下橱窗里陈列的东西。离开以后，要求宝宝说出刚才所看到的东西。

语言开发

 培养"巧嘴宝宝"

语言智能，就是对语言文字的掌握能力，对词义和词序的敏感性，以及良好的理解和运用语言的能力。一个具有很高语言智能的人能用语言精确地表达自己的意思，与人交流非常清楚。相信每个父母都希望自己有个能说会道的巧嘴宝宝。

宝宝一来到这个世界上，就在尽自己的最大努力感知和探索这个世界。身处能激发表达欲望的环境能让宝宝的语言智能得到迅速发展。

开阔的眼界增强宝宝的表达欲望

表达是需要素材的，多带宝宝走出家门，到动物园、公园等地方，宝宝的眼界会越来越开阔，感知到

的经验会越来越丰富，表达的欲望就会越来越强烈。

为宝宝创造表达的机会

从听到说，宝宝需要实践的机会。爸爸妈妈要尽量鼓励宝宝用语言来表达自己的需要。从单字到词语，从单词句到双词句，再到简单句及语法的掌握这个语言发

展过程,一刻也离不开爸爸妈妈的引导。

如果宝宝做个喝水的手势,爸爸妈妈就将水递到他的手上,那么以后他渴了的时候仍然会做这个手势,而不是用语言来表达他的需求,这样他学会说"我要喝水"这句简单的话语可能就要付出比别人多得多的时间,只是因为爸爸妈妈在无意中剥夺了宝宝表达的机会,扼杀了他的表达欲望。

保护宝宝语言表达的积极性

每个宝宝在刚开始学说话的时候,都会有很积极的想要表达的愿望,这时候,父母给予宝宝积极正面的鼓励,保护宝宝语言表达的积极性,能帮助他在语言发展方面更进一步。

别忽略宝宝的"动口"成长期

爸爸妈妈是宝宝最好的朋友,也是宝宝的启蒙老师,千万不要忽略宝宝的"动口"成长期,否则孩子很容易自闭,变得不爱说话了。

在餐桌上,妈妈可以常常问宝宝:"今天的菜是什么?""你喜欢吃哪个菜啊?""这些菜谁做的?"这不但可以使他善于表达自己的想法,也可以弥补因工作忙碌而不了解他饮食习惯的缺憾。

帮宝宝洗澡时,妈妈可以问他今天发生的事情,问他的心情,还可以教他一些简单的日常用语。

睡前,妈妈可以对宝宝说:"晚安,妈妈祝你做个好梦!"等等。日常起居饮食中,是培养孩子"动口"的最佳时机。

最愉快的"动口"教育,莫过于跟孩子一齐唱儿歌。

很多爸爸妈妈都喜欢叫孩子唱歌,但自己却连一句都哼不上,只能让宝宝"独唱",他唱得多了,也就腻了,不想开口了。可以母子同唱,你一句我一句的,宝宝的劲儿就来了。洗澡时,妈妈可以起调儿:"洗白白,洗白白,倒开水喽",宝宝就接上来了。母子一齐高歌,其乐融融。

唱儿歌会让宝宝敢于表达,宝宝会唱得越来越大声,声音越来越响亮,胆子也越来越大,众人面前,他也可以拉起调子。

给学说话的宝宝特殊关怀

宝宝学说话是一个缓慢的过程，大多数宝宝在这个阶段刚刚开始会说话。如果宝宝还不太爱说或不太会说，父母也要以平常心理来看待，应努力培养宝宝的说话情绪，慢慢地帮助他提高表达能力，而不要在宝宝面前表现出对他不爱说话的特别关注或在意。

父母也不能因心急而表现出急躁情绪，否则宝宝一旦觉察就会影响他自信心的树立，甚至有可能使宝宝变得更加不爱说话。

2岁半～3岁的宝宝应该有一定的社交及沟通能力了，如果这个阶段的宝宝不爱说话，父母可以把对宝宝的关怀与家庭环境密切结合起来。妈妈可以每天在固定的时间同宝宝一起看他喜欢看的图画书，并念给他听。同时要多创造跟宝宝对话的机会，以此改善宝宝因性格内向、不擅表达或不喜欢表达而引起的不爱说话。当全家人在一起时，父母还可以跟宝宝做扮演各种角色的游戏，比如让宝宝当老师，爸爸妈妈扮小学生，以引起宝宝说话的兴趣。

对不爱说话的宝宝的关怀重点就在于让宝宝形成表达的习惯，可以采取让宝宝重述对话或者让宝宝尝试把正在做的事情用语言表达出来的方法。如果宝宝喜欢念儿歌、讲故事，那就让他大声地唱出来、读出来，大声的唱歌和朗读会为他熟练语言表达提供帮助，并形成口语表达的语言习惯，促进宝宝今后的语言发展。

运动益智

孩子多动手,大脑更发达

俗话说:"心灵手巧",手巧和聪明的头脑是相互联系的。要想让孩子聪明,就让他多动动小手吧!研究发现,孩子动手能力差,原因是在他两三岁时没有进行手部精细动作的训练。所以,父母在让孩子进行走、跑、爬、跳之际,千万别忽视了这方面的训练。

发现和利用生活内容

孩子的生活中充满了各种锻炼的机会,关键在于父母的发现和充分利用。譬如出门前,可以让孩子扭开门把手开门;回家时,教孩子用钥匙开门;当妈妈给孩子讲故事时,可以让他翻书。如果孩子刷牙,可以让他自己挤牙膏;孩子洗手时,可以让他自己开龙头、抹肥皂、搓手、冲洗。在不着急的时候,还可以让孩子自己拉拉链、解扣子;做饭时,可以让孩子参与剥豆子等;吃饭时,让孩子自己用大勺从锅里盛饭到自己的小碗里;还可以让他自己用勺子盛菜等。

丰富的生活内容既能锻炼孩子做精细动作,同时也是培养孩子

生活自理能力和独立能力的机会。当然,在此期间,需要父母耐心地给予帮助。

玩具和游戏也是老师

其实有许多孩子喜欢的玩具和游戏也是他学习精细动作的伙伴和老师,譬如画画、贴粘纸以及剪纸等,都是特别好的训练手指、手腕、手臂动作配合的游戏;又如橡皮泥、面团等,通过捏、按、揉、压等动作对锻炼小手的灵活度以及力度都有非常不错的作用;再譬如现在有很多类似"穿针引线"的玩具,不仅能够训练孩子的食指、拇指以及手腕的配合,还能促进孩子的手眼协调能力和耐心的培养。拼插玩具具有这方面的功能;拧螺帽也是一个不错的玩法。而给玩具穿衣服,可以帮助孩子学会解扣子、系带子等能力。

宝宝在学习中父母不要怕他乱涂乱抹,或是被伤着而不让他玩。可以为孩子专门辟出一个空间,铺上塑料桌布,规定他只能在"工作室"玩,而且想怎么玩就怎么玩。当然必要的监护也是需要的,这样孩子一定会遵照吩咐痛快地玩。

尝试玩一些手指游戏

配合儿歌做的手指游戏特别受孩子欢迎。譬如"老大睡了,晚安(两手心相对,两拇指弯曲)!老二睡了,晚安(两食指弯曲)!大个子睡了,晚安(两中指弯曲)!你睡了,晚安(两无名指弯曲)!我睡了,晚安(两小指弯曲)!""小不点醒了,你好(小指伸直,并向点头一样弯一下)!"后面依次如此。

这类游戏不仅让孩子进行了手指锻炼,还让他从中学会了弯曲和伸直的词汇,以及懂得一些礼貌用语。

 玩出专注力的两个小游戏

踩高跷

道具:准备两个奶粉罐(如果宝宝年龄小就改用小的铁罐儿),在底部两边挖洞,再绑上适合小朋友身高的麻绳,将麻绳拉在手上,就成高跷了。

玩法:妈妈可以做一个大人的,一个小朋友的,然后两个人比赛,看谁走得远、走得快,中途也可

以放一些障碍物来增加绕行难度。

目的：可以训练身体各个部位的协调能力以及平衡感。有提升大动作能力，将来握笔写字的动手能力。身体坐立、站立的姿势都会更稳固。

游戏小诀窍：最好穿上运动鞋，脚底才不会被罐子边缘硌得疼痛。

投篮

道具：幼儿专用的篮球及篮筐，平时玩的皮球及洗衣篮也可以。

玩法：妈妈和宝宝可以比赛谁进球次数多，若没有篮圈也可以用洗衣篮来替代。可以把篮筐逐渐往后移，增加难度。

目的：利用身体关节及手腕的力量将球抛出去，可以训练关节及手的力量，同时要将球投进篮筐也可以训练手眼协调能力。双手的控制力及良好的视觉能力对于宝宝将来学习有很大的帮助。

游戏小诀窍：刚开始可以用比较轻的皮球，之后可以逐渐增加球的重量，增强手的承受力。也可以带大一点的宝宝去玩投篮机或小学操场的投篮架。

教宝宝拼几何图形

拼几何图形，目的是让宝宝区别不同的三角形。通过拼图宝宝能获得较深的印象，可为将来学习几何打基础。

用两面完全一样的硬纸或塑料板先剪成正方形、长方形和菱形，再按对角线裁开两半成三角形。将斜边向外摆放，让宝宝选择适合的三角形去拼好右侧的三种形状。

宝宝会找两边完全一样的直角三角形去拼正方形；找两边长短不同的直角三角形去拼长方形；找两个正三角形拼成菱形。其中较难的是将斜边向外的长短不同的直角三角形拼为长方形。拼时要将其中一个三角形反到背面颠倒一下，否则拼不上。

Chapter 7

请来女神雅典娜

——3~4岁宝宝智力开发

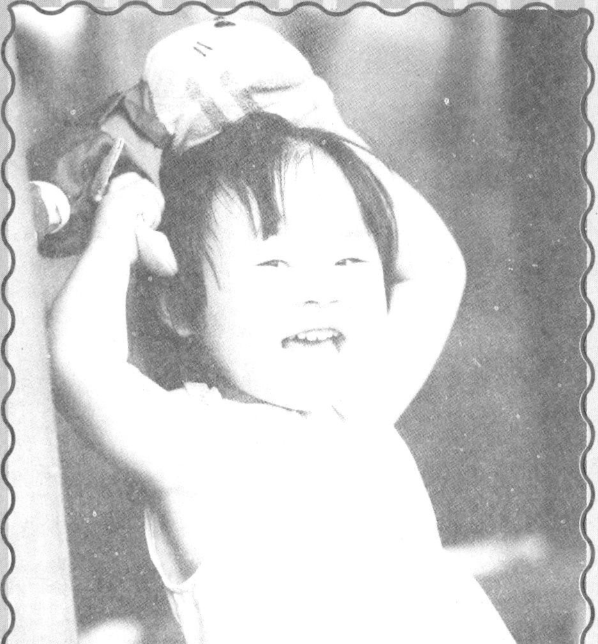

益智饮食

巧吃坚果善甄别

许多妈妈认为坚果有益于宝宝的智力发展，所以就频繁给小宝宝吃各种坚果，但是，育儿专家提醒，坚果虽好，却也不是乱吃的。

变质的坚果易引起腹泻

坚果中含有大量不饱和脂肪酸，储存不当或长时间存放会产生酸败现象，也就是我们常说的"哈喇味"。坚果中的脂肪酸产生酸败，其危害一方面是使坚果的味道变劣，产生刺喉的辛辣味；另一方面坚果中油脂酸败的产物，如醛类、酮类等还有害身体健康。如果食用量大，轻者会引起腹泻，严重者还可能造成肝脏疾病。

炒焦的坚果可致癌

我们时常说烹调食物时温度不宜过高，坚果亦是如此。坚果中含有大量脂肪、蛋白质、碳水化合物，普通的加热不足以破坏他们，但当坚果被炒焦时，这些原本对身体有益的营养素就开始部分转化为致癌的苯并芘、杂环胺、丙烯酰胺等物质，因此，炒焦的坚果不宜食用。

被石蜡美容过的坚果危害健康

加工坚果时加点石蜡，会让产品更加鲜亮、卖相更好，而且不容易变潮变软。如果你在街边看到糖炒栗子油光锃亮，明显比普通的栗子"漂亮"时，那很可能加了石蜡。有些商贩往积压已久、颜色暗淡的坚果中加入石蜡，美容一下，以次充好。由于商贩们使用的工业石蜡纯度不高，其中含有重金属等杂质，故危害健康。

口味太重的坚果易变质

市面上的坚果口味多种多样，有人喜欢咸味的，有人喜欢奶油味的，有人喜欢绿茶味的，有人喜欢五香味的。面对不同口味的坚果，我们要少吃那些口味较重的，口味越重，食盐添加往往越多。

我们每天通过饮食摄入的食盐已经足够多了，北京人目前平均每天食盐摄入量为 13.7 克，而世界卫生组织推荐摄入量仅为 6 克。限盐已是我们喊了多年的口号，因此吃坚果也别忘了限盐。许多口味重、香味浓的坚果，在加工时添加了香精、糖精等物质，奶油味的瓜子还添加了人造奶油，这些东西对身体并没有好处。

新鲜玉米提高宝宝智力

国际粮食政策研究机构、美国宾夕法尼亚大学和明德学院等研究机构曾做过这样一个研究。研究人员 1969~1977 年在危地马拉让宝宝们早餐吃玉米粥，并且混合了脱脂奶粉和糖，其他一些宝宝则喝传统的燕麦粥。2002~2004 年，研究人员返回危地马拉，从学校的考试成绩中收集信息。结果显示，那些儿童期喝玉米粥的宝宝们，在阅读理解和非语言认知测试中获得的分数更高。

玉米中含有大量的营养保健物质，除了碳水化合物、蛋白质、脂肪、胡萝卜素外，还含有核黄素等。相比稻米和小麦等，玉米中的维生素含量是它们的 5~10 倍，每 100 克玉米能提供近 300 毫克的钙，几乎与乳制品中所含的钙差不多。

营养专家指出，玉米所含的谷氨酸较高，谷氨酸能促进脑细胞代

谢，有一定的健脑功能。玉米脂肪中的维生素也比较多，对防止细胞氧化、衰老有益处，也有益于智力。另外，玉米脂肪中的脂肪酸主要是亚油酸、油酸等不饱和脂肪酸，这些也都是对智力发展有利的营养物质。

对于宝宝来说，常吃鲜玉米对智力发展很有好处，而对于3～4岁的宝宝来说，喝玉米粥更适合。

对于长期拿面包牛奶当早餐的宝宝来说，适当地用玉米粥替换牛奶是可以的，但是家长们需要用心考虑的是，除了玉米粥和牛奶，还要给宝宝更多丰富的早餐选择。

善于伪装的"垃圾食品"

在生活中，你可能并不知道一些标着营养食品或向来被认为营养健康的食品，其实并没有什么营养。下面我们就来认识一下这些善于伪装的"垃圾食品"吧。

绿茶饮料

绿茶包含抗氧化剂和其他有益健康的成分，可以预防癌症、心脏病、衰老和其他与老化相关的疾病。但是现在很多生产商加入糖和其他添加剂制成绿茶饮品，打着健康饮品的幌子到处兜售。其实，"绿茶"瓶子上的任何一种成分，如糖精、防腐剂等，都会让我们的健康失分。

加工酸奶

酸奶是由鲜牛奶发酵而成的，富含蛋白质、钙和维生素。尤其对那些因乳糖不耐受而无法享用牛奶的人来说，酸奶可是个很好的选择。但现在有很多酸奶已经被制成了充满糖分和各种加工水果的"甜点"，而商家正是利用这些"包装"将它伪装成健康食品。因此，在购买时最好选择普通的酸奶。

早餐燕麦片

小麦、大麦、大米和燕麦等谷类，一直是人类最重要的食物。它们所含的蛋白质、膳食纤维和维生素是其他食物无法比拟的。然而，一些用少量的谷类与大量的淀粉、白砂糖、玉米糖浆、盐、食用色素和防腐剂结合生产出来的"五颜六色"的早餐谷物，使这些谷类的营养成分已大大降低。

比萨饼

在意大利，比萨饼甚至受到了法律的保护，规定其必须由全麦面粉、番茄酱、白干酪、橄榄油、罗勒香料等加工而成。比萨饼本来是非常有营养的。现在许多快餐连锁店售卖的比萨饼，使用了防腐剂、便宜的人造脂肪、没有营养的罐头水果、可长期冷冻的肉类，还有大量的盐……这些比萨饼热量和钠含量非常高，营养价值却不值一提。

增强宝宝记忆力的食物

想让宝宝更聪明，那就给他吃这些食物吧。这些健脑食物有助于增强宝宝的记忆力和注意力，让宝宝们在学习、生活中表现得更出色！

鲑鱼

鲑鱼肉含有高蛋白质及对神经系统具备保护作用的欧米伽-3脂肪酸，但脂肪含量却较低，含有EPA和DHA，有助于提高脑细胞的活性、增强记忆力和理解能力。是儿童健脑的最佳鱼肉选择之一。

蛋类

众所周知，蛋类含有丰富的蛋白质，这些是天然食物中最优良的蛋白质之一。其实它还含有有助

于提升记忆力的胆碱。多吃蛋类，会让宝宝更聪明。

花生酱

花生酱中含有丰富的维生素A、维生素E、叶酸、钙、镁、锌、铁、纤维素和蛋白质等，对宝宝的大脑发育和身体健康有很大帮助。研究人员建议，花生酱应该与一些含热量较低的食品，如全麦面包、蔬菜、水果等搭配食用。

全麦制品和糙米

全麦制品和糙米含有丰富的B族维生素、纤维素等，对于保持认知能力至关重要，所以在为宝宝选择面包的时候最好选择全麦面包。

燕麦

燕麦对于宝宝来说是很熟悉的食品了，特别是在早餐的食谱中。燕麦中富含丰富的维生素、纤维素、钾、锌等，可为宝宝一天提供足够的能量，同时也是很好的健脑食品。

草莓

红莓、黑莓、越橘等富含丰富的维生素C。研究发现，越橘和草莓汁是很好的提升记忆力的饮品。

豆类

豆类含有丰富的蛋白质、脂肪、碳水化合物和维生素A、B族维生素等。特别是蛋白质和氨基酸的含量高，以谷氨酸的含量最为丰富，是大脑活动的物质基础，所以，宝宝常吃豆类有益于大脑的发育。

蔬菜

西红柿、红薯、南瓜、胡萝卜、菠菜等颜色深而鲜艳的蔬菜富含丰富的抗氧化剂，可保持大脑的健康活力。

牛奶等乳制品

牛奶中含有优质蛋白质，其中含有人体所需要的全部必需氨基酸。除含有钙质外,还含有多种我们身体需要的维生素和矿物质,如:维生素A,维生素B_1,维生素B_2,维生素C以及铁、锌、硒等,对于维持宝宝正常生理功能和促进生长发育有好处。

铁

铁是一种重要的矿物质,可以帮助宝宝们保持活力和集中注意力。瘦牛肉中富含丰富的铁,同时还有帮助提高记忆力的锌等儿童所需的矿物质,故瘦肉是一种很好的健脑食品。

美味坚果助宝宝智力发育

坚果热量虽然高,却是护心健脑的好食物。常吃坚果,可获得固齿、补益、养身的效果。

核桃

核桃味甘、性平,可补肾固精、润燥化痰、温肺润肠、强筋健脑,对于治疗冠心病和支气管疾病也有较好的作用。其中含丰富的磷脂和人体必需的脂肪酸,有健脑益智的作用;每天吃两个核桃,长期坚持,可收到乌发、润肤、健肌、抗衰老的美容养颜效果。

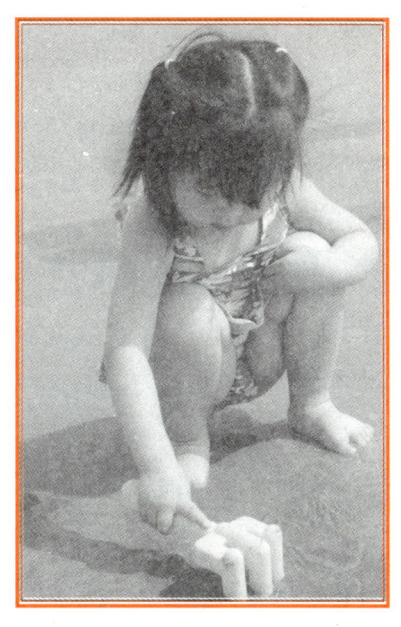

榛子

榛子味甘、性平,具有补益脾胃、滋养气血、明目、强身的作用。我国民间把榛子和红枣、栗子并列为妇女的吉庆保健佳果,常食榛子可以抗衰老、养容颜、强体力,宝宝经常吃一小把榛子,可以作为很好的补锌食品。

杏仁

小杏仁味苦,性温,可祛痰、止咳、平喘、散风、润肠、消积,也有一定的美容作用。现代药理学研究发现,杏仁当中含多种活性物质,具有抗肿瘤、降血糖、抗炎镇痛、驱虫杀菌等功效。

松子

松子味甘、性温，具有补益气血、润燥滑肠、滋阴生津的功效。皮肤干燥、体瘦气短、燥咳无痰或经常便秘的家长适合经常食用松子。我国传统上把松子作为滋补之品，认为它可以令人容颜滋润，轻身不老。但也要注意，脾胃虚寒和经常腹泻的成人不能多食松子，宝宝食用过多也可能导致腹泻。

花生

花生味甘，性平，可润肺、补脾、和胃、补中益气，是我国传统滋补食品。我国民间还常用花生作为乳母的增乳食品。炒花生和炸花生米都是高热量食品，而且性质燥热，可以治疗腹部冷痛，但有咽喉炎、容易干咳、口渴的爸爸妈妈一定要少吃，容易上火的宝宝也不能多吃。如果喜爱花生的丰富营养和美味，不妨选择煮食的五香花生米，因为煮食的花生对燥咳者有益，也不会上火。如果经常腹泻，那么不可多食生花生。

葵花子

葵花子味甘、性平，具有清除湿热、平肝祛风、消滞、益气、滋阴、润肠、驱虫等作用。便秘、高血压、冠心病患者适合经常吃点葵花子。生食葵花子还可以帮助治疗小儿蛲虫。

西瓜子

西瓜子味甘，性平，生食或煮食可清肺润肠、和中止渴。然而炒得太过的西瓜也有燥热的作用，所以选择湿瓜子较好。西瓜子中还含有一种皂甙样成分，具有降压作用。可惜瓜子在加工中往往加入太多的盐分，反而对降低血压不利。

栗子

栗子味甘，性温，可益气、补肾、强筋、健脾胃，是我国传统滋补佳品。脾胃虚弱、瘦弱疲乏、腰酸腿软的宝宝适合多食栗子，每天吃五六个就有很好的滋补作用。但栗子多食令人饱胀，所以不要放任宝宝一次吃得太多。

莲子

莲子当中含有促进肠道有益菌增殖的成分和抗氧化成分，还含有植物碱类疗效成分，具有降血压、抗心律失常、抑制癌细胞等保健功能。中医认为，莲子味甘涩，性平,可养心、补脾、益肾、止泻、涩肠,是我国传统滋补佳品。虚烦失眠、身体虚弱、食欲不振的爸爸妈妈适合经常食用莲子。宝宝在夏季过食寒凉食物导致脾胃虚弱时,食用莲子具有滋补脾胃、促进消化的作用。但应注意的是,因为莲子有收敛作用,腹胀和便秘的人不宜多食。

让宝宝受益终身的豆类美食

豆类的营养价值非常高,我国传统饮食讲究"五谷宜为养,失豆则不良",意思是说五谷是有营养的,但没有豆子就会失去平衡。现代营养学也证明,每天坚持食用豆类食品,只要两周的时间,人体就可以减少脂肪含量,增加免疫力,降低患病的概率。因此,很多营养学家都呼吁,用豆类食品代替一定量的肉类等动物性食品,是解决人们营养不良和营养过剩双重负担的最好方法。

豆类中蛋白质含量高、质量好,其营养价值接近于动物性蛋白质,是最好的植物蛋白。

豆类中氨基酸的组成接近于人体的需要,是我国人民膳食中蛋白质的良好来源。豆类所含的脂肪以大豆为最高,可达18%,因而可作食用油的原料,其他豆类含脂肪较少。豆类含糖量以蚕豆、赤豆、绿豆、豌豆含量较高,为50%~60%,大豆含糖量较少,约为25%,因此,豆类供给的热量也相当高。豆类中维生素以B族维生素最多,比谷类含量还要高。此外,还含有少量的胡萝卜素。豆类富含钙、磷、铁、钾、镁等无机盐,是膳食中难得的高钾、高镁、低钠食品。

人人都知道,中国是大豆的故

乡。对于宝宝来说，豆类实在是一类极为健康的食物，若能养成爱吃豆子的习惯，必会让宝宝受益终身。

超市里和农贸市场里的豆子品种真不少，常见的有黄豆、黑豆、青豆、绿豆、红小豆、芸豆、扁豆、蚕豆……令人眼花缭乱，其实它们按营养价值可以分为两大类：大豆类和淀粉豆类。

大豆类的特点是蛋白质含量高达35%以上，其中还含有15%~20%的油脂，丰富的卵磷脂、维生素E、大豆异黄酮等保健成分。除了大豆家族之外，红小豆、绿豆、芸豆、扁豆、蚕豆、豌豆等各种豆子几乎都属于淀粉类豆子。淀粉类豆子含有60%左右的淀粉，平日往往和饭一起煮，在营养上没有大豆那样地位显赫。其实，这些豆子可不简单，它们含有20%的蛋白质，而且富含大米面粉中缺少的赖氨酸和B族维生素，钙、铁、锌等矿物元素含量也远远高于白米饭，与米饭具有完美的"营养互补"的作用，其价值绝不可小看。

食用水产品的五大安全绝招

水产类食品，营养丰富、味道鲜美、口感诱人。吃水产类食物，是很多人饮食生活中的一大享受。尽管如此，爸爸妈妈们也应明白水产品可是食品中的"污染大户"！宝宝年纪幼小，解毒系统发育不健全，最容易受到污染物质的危害。鱼我所欲也，污染我所不欲也，这

可怎么办呢？其实，通过合理安排饮食，就可以减少污染带来的危险，并让宝宝充分享受到这些美食带来的益处。

选购低污染的水产品

考虑到水产品容易被污染，爸

爸妈妈们选购时就要把好安全关，选择来源可靠的产品。最好选择有产地说明、有品牌、有绿色食品认证的优质水产食品。来自污染河段或海域的产品不要购买。

体形异常，有异味，或者骨骼畸形，或者眼珠混浊等，都可能意味着该水产品污染状况严重。

合理烹调，剿灭寄生虫，远离藻类毒素

淡水鱼和河鲜容易带来各种寄生虫，对儿童健康威胁极大，所有的河鲜都不能生吃，必须彻底烹熟以杀灭寄生虫。海鱼海鲜也要注意，除了少数可生食的新鲜深海鱼之外，绝大多数产品都必须熟吃。

同时，在烹调的时候要把各种水产品的肠胃、肝脏和腮部彻底去除，因为这些地方是污染和毒素的集中营。特别是夏秋季节，江河入海口都容易长有毒藻，被水中动物食入后会带来有相当危险性的藻类毒素，所以更要把水产品的消化系统清理干净。

避免一次大量吃海鲜河鲜

宝宝年幼，吃海鲜河鲜容易贪多而发生不适，所以在进食时宜使用姜、醋、料酒、胡椒粉等作料，既能够增鲜减腥，又能够缓解肠胃冷凉感。同时，还要控制数量，不能因为宝宝爱吃就无限制地供应虾蟹等美食。餐后不应继续给宝宝吃冷食和水果。

帮助宝宝克服胃肠冷痛

如果宝宝因为过食海鲜河鲜发生胃痛、腹痛、腹泻等反应，应当马上停止进食水产品，不吃生冷水果和蔬菜，不吃任何冷饮和冰镇饮料，给宝宝喝些热姜汤，疼痛感会逐渐缓解。此后宜食温热易消化食物，如热粥、热汤面、热鸡汤等，次日即可恢复正常。

严密观察过敏动向

第一次给宝宝吃虾蟹贝类和鱿鱼海胆等食品的时候，一定要密切观察，注意是否有过敏迹象。食物的过敏反应有速发和迟发两类，症状十分复杂多样。急性的过敏有荨麻疹、风疹、哮喘等反应，严重者喉头水肿、呼吸困难、消化道水肿，必须立即送到医院治疗。也有的宝宝发生湿疹，或有不明原因的腹泻、头痛等反应。

由于过敏体质有一定的遗传倾向性,假如家族中有血缘亲戚存在食物过敏史,更要高度警惕。

行为开发

适量动画片有益智力发育

调查显示,最能够让宝宝接受的业余爱好就是看动画片,比例高达 80%。究其原因,主要是因为动画片的画面变化快,颜色非常鲜亮,符合儿童的智慧特征和心理特征。同时,动画片的拟人手法,非常易于被宝宝理解。所以,动画片抓住的不是一个宝宝,而是所有宝宝的心。即使宝宝反复看一部动画片,也是完全正常的现象,爸爸妈妈没必要担心。宝宝的学习有一个特别现象,就是喜欢在他熟悉的一个方面获得高密度的训练,即在某一个时间段里,对一件事情进行大量的重复操作。

宝宝看动画片的利弊：

看动画可以满足宝宝娱乐的愿望

看动画片的宝宝很容易将自身投射到某一角色身上,比如很受女宝宝欢迎的芭比娃娃,每个小姑娘都想变成她,既漂亮又有气质。

因此，家长可能发现3岁左右的女孩开始注重打扮。其实这就是很好的教养契机。爸爸妈妈想要幼儿学习良好的习惯，如保持环境清洁，都可利用幼儿喜欢模仿的习惯来达到目的，比如对宝宝说："要随时保护环境清洁，才能像芭比一样讨人喜欢那！"

动画片可以教宝宝知识

宝宝的社会交往能力需要自幼开始培养。一些表现人与人之间美好情感和交往的动画卡可以对宝宝产生积极的影响。动画片是专门为低幼宝宝量身制作的，充满友好、团结的气氛，世界一片明媚，正是小朋友们想要的。

动画片还可以引导宝宝正确的人生观

许多的儿童动画片都有教育宝宝的作用，作为家长可以在看动画片的过程中对宝宝作适当的引导，从而让宝宝向真善美的方向发展，以防宝宝过于沉迷其中，整天模仿动画片中的内容及行为。当然，对于动画片，我们不能选择教化性太强的，或是太过于复杂的，更多的时候，我们只需要与宝宝一起大笑就可以了。因为，让宝宝看动画片，我们更希望的是宝宝可以从中获得快乐，至于教育更多的是附加的，而宝宝在笑声当中会自己进行思考的。

看动画片的注意事项：

两岁之内尽量不要接触

有些家长对于宝宝看动画片非常不赞成，家里电视从来不开，甚至连听都不让宝宝听。而有些家长恰恰相反，电视几乎全天都开着，这对于宝宝的视力和注意力培养大有影响。所以个人建议两岁之内的宝宝尽量少接触电视、电脑，其闪动的屏幕对于宝宝的视力有很大的损伤，曾经一个17个月的宝宝严重近视就是因为电视看多了。

选择益智型的动画片

其实我们在现实生活中，是避免不了让宝宝接触到电视的。如果家长要为宝宝选择电视内容，最好是益智型的动画，诸如英语、儿歌、故事等等，既可以借助动画的偶像作用培养宝宝的好习惯，比如看巧虎，很多宝宝都能模仿他的一些生活好习惯，看英语动画可以进

行英语启蒙。但是少看为好，每天5~10分钟为宜，切勿让宝宝看动画过度。

注意不要让宝宝依赖动画片

要控制宝宝观看动画片的时间，以免宝宝迷上看动画或者损伤眼睛。作为宝宝的守护神，爸爸妈妈要懂得合理地安排宝宝的作息时间，规定和控制宝宝观看动画片的时间，让宝宝养成良好的习惯。可能有的宝宝已经深深地被动画"迷住"了，对于大点的宝宝，家长故意把电视线头拔了，告诉宝宝电视坏了要修理。趁这段时间可以引导宝宝阅读的好习惯，当然这其中家长要采用智慧的方法和十足的耐心陪着宝宝一起阅读，慢慢引导。

讲究看动画的方法

看动画也是一种亲子活动，爸爸妈妈陪宝宝一起看，而不是当做消磨时间的事情或让宝宝安静的方法。在看的过程中跟宝宝交流和互动一下动画中的情节和有趣的地方，不会说话的宝宝见到动画中出现的小动物或宝宝肯定会有亲切感，会说话的宝宝更能跟爸爸妈妈进行互动交流了。10~15分钟就要果断地关掉电视，如果宝宝吵闹，快速地用一本书或宝宝喜欢的玩具来吸引他的注意力，或者索性带宝宝出去转移注意力。

父母谨记语言暴力

长期研究儿童心理的专家指出，在中国家庭中，家长与宝宝对话的结果往往是"噎死宝宝、憋死宝宝、急死宝宝、吓死宝宝"。事实上，大量的儿童心理问题就源于爸爸妈妈不恰当的语言表达以及因此而生的误解与矛盾。在持续的"语言软暴力"环境中，这些心理问题有可能被延续、固化甚至激化。

专家介绍，2008年的一项家庭教育心理问卷调查显示，家长从内心中把宝宝看成一个比自己差的弱者，从语言和行动上都不断挫败宝宝；当宝宝更多表现出弱点时，又对这个"弱者"持续否定，更加强化了宝宝的"失败者"形象；当宝宝开始自我放弃时，心急的家长就开始迫不及待地一边埋怨一边"代劳"；因为内心瞧不起宝宝，

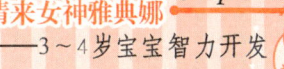

请来女神雅典娜
——3~4岁宝宝智力开发

所以漠视宝宝的情感,忽视宝宝的成长需要,一味强调自己的要求:学习、学习、再学习……如此教育模式下,宝宝就成了一个自卑、无能、无目标、无眼界的惊弓之鸟。

语言的杀伤力有多大?

许多软暴力的产生,往往是家长和老师通过"随口乱说话"传递出来的。家长和老师随口一句嘲弄、贬低宝宝的语言暗示,哪怕是微小的暗示都具有相当大的杀伤力。

心理专家分析,宝宝的内心世界是很脆弱和微妙的,宝宝心目中的评价是非的标尺也是很鲜明的。

有的宝宝有偏激固执的倾向,会将教育者的看法想象放大。所以教育者微小的心理变化如果表现在脸面上和语气中,甚至嘲弄辱骂中,无形中会形成一种负面的心理效应,这种心理效应强大的辐射会改变宝宝对于这个世界的认知。

在心理专家曾接触过的案例中,儿童成长在习惯于实施软暴力的家庭或校园环境中,出现以下行为的几率增大:自我否定、怀疑、消极、不懂得控制情绪;不能清晰表达自己的需求、暴虐、神经质、逃避责任;不会处理人际关系、物质依赖。

怎么说比说什么更重要

有的教育专家指出,当前教育面临着一种"无序"状态,主要表现在家庭教育中缺失父亲式的阳刚教育、自我成长教育、智慧教育和注意力的养成。而且家长们又都过于高估自己,根本没有意识到宝宝们也有自己的内心世界和情感世界,从而加剧了家庭中两代人的冲突、矛盾、隔阂,造成宝宝的反感和叛逆行为。

所有的家长和老师都应该注

意，一个合格的教育者应该是善于控制自己的情绪与行为的。这种控制应该建立在对宝宝最真挚的爱心基础上，把自己的行为思想好好反思、将心比心、换位思考、明了后果，要始终用自己的心，而不仅仅是语言和"做"出来的行动去告诉宝宝：你不错，你行，你很棒，你没有问题，你只是小小的心理感冒等。

"对宝宝说话，怎么说比说什么更重要，"家长要把教育宝宝当成是自己第二次成长的机会，与宝宝共同成长。而只有与宝宝保持良好的心灵沟通，才能培育出身心健康的宝宝。

儿童睡眠时间少影响智力发育

日前，第一届教育神经科学国际研讨会在华东师大举行。会议围绕着"儿童脑发育、认知发展与教育"、"脑与语言教育"、"脑与数学教育"、"脑与科学教育"和"社会认知与教育"等数项议题展开讨论。专家在会上指出，中国儿童入学后睡眠时间普遍减少会影响智力发育，对身体危害也不小。

针对"中国儿童在入学后睡眠时间普遍减少"这一现象，专家更是直言不讳地指出其带来的危害，如导致肥胖、易引发多动症、影响智力发育等等，他还建议教育行政部门和学校应将减少不必要的课业负担作为保障儿童健康的重要措施认真加以研究落实。

在"神经教育学研究对科学探究教育的影响"的主题报告当中，某位中科院院士指出，在新教育改革中取消的"一、二年级学生的自然科学教育"很有必要恢复，根据来自神经科学的最新研究成果，该院士解释，其实在婴儿期人就具有很大的学习潜力，因此需要

特别注重在早期发展阶段对婴幼儿学习能力的培养。

该院士还着重强调了培养儿童社会情绪能力的重要性,她说,在当前"独生子女"的家庭环境下,儿童与他人合作、理解他人情绪状态等社会情绪能力显著缺乏,若学校中再不予以足够的重视,很可能导致成年后的社会融入不足,甚至出现反社会行为。

 灌输教育会抑制宝宝创造力

在宝宝成长过程中,很多家长经常把自己的经验和好恶灌输给宝宝,不希望宝宝走弯路、摔跟头。有人认为,在当前竞争激烈的社会,这样的教育必不可少;也有人说,这会抑制宝宝的创造力。

对此,中国青年报社会调查中心对2720人进行的调查显示,59.4%的人认为家长过多灌输经验和好恶,会抑制宝宝的创造力。另有20.1%的人对此持相反态度,其余20.5%的人觉得"不好说"。受访者中,68.9%的人是家长;"80后"占36.9%,"70后"占37.6%,"60后"占16.6%。

为什么有些爸爸妈妈将自己的经验与好恶大量灌输给宝宝?调查中,76.2%的人首选"不想让宝宝走弯路",68.6%的人认为是"希望帮助宝宝成长",51.8%的人选择"社会竞争激烈,爸爸妈妈为提高宝宝的能力饥不择食",还有27.7%的人认为一些家长"不懂宝宝成长规律"。

有关专家表示,上一代把自己的人生经验传输给下一代,是人类的本能。也许很多家长传递的经验本身是正确的,但由于对教育的本质缺乏正确认识和把握,传输的方法并不科学。比如,严厉管教,在普通家庭很常见,却很有可能损伤宝宝的主动性和创造力发展。

"家长的管教应根据宝宝成长的不同阶段有所不同。"宝宝在儿童期时，家长应在价值观、道德感等大是大非问题上严格教育，在其他方面则应给宝宝创造宽松环境。

有时，宝宝可能拆坏家里的小电器，其实这是宝宝在学知识、学技巧。家长应给予充分包容和鼓励。家长需要与宝宝寻找共同语言，"比较有效的方法是平等交流，提建议，供宝宝参考。除了吸毒等严重问题之外，家长要允许宝宝犯错误，比如选择大学专业，结交异性朋友等。"

如果家长单纯教育宝宝"要听话"，以分数判断宝宝是否优秀，反而会毁掉宝宝的创造力。给宝宝正确的引导，参与宝宝的创造，鼓励宝宝不迷信权威，才能真正培养宝宝的独立意识和创造力。

"听话"的宝宝难成才

培养听话的宝宝，要宝宝听话，这是大部分中国家长的观念。听话的宝宝好带，能省去许多麻烦，长大后执行力强。但"听话"的宝宝在家长的指挥下放弃了童年的欢乐，早早地开始学习各种各样的知识与技能。这样的宝宝走上社会后，很容易被花言巧语所欺骗，造成办事能力的不足。又有很多家长感叹现在的宝宝多么不让人省心。其实这不是宝宝的问题，而是家长教育理念的问题。父母必须改变这种教人

"听话"的教育理念。

苹果不一定是红色的

一位幼儿教育专家到国外看到一个幼儿用蓝色笔画了一个"大苹果"，老师走过来说："嗯，画得好！"，宝宝高兴极了。这时中国专家问教师："他用蓝色画苹

果,你怎么不纠正?"那个教师说:"我为什么要纠正呢?也许他以后真的能培育出蓝色的苹果呢!"

其实外国教师或家长这样容忍宝宝"不听话"是有道理的,它可以保护宝宝的想象力,激发宝宝的创造力。当然,允许宝宝"不听话"指的主要是思维上的"不听话"。宝宝们看到的世界是独特的,他们的想象力是很丰富的。如果我们用成人的思维方式对他们粗暴地干涉,就会扼杀他们的想象力和创造力。

乖宝宝更多是庸才

著名的德国心理学家海查曾做过如下的实验:他对2~5岁时有强烈反抗倾向的100名儿童与没有这种倾向的100名儿童跟踪观察到青年期。结果发现前者有84%的人意志坚强,有主见,有独立分析、判断事物和做出决定的能力。而后者仅有26%的人意志坚强,其余的人遇事不能做决定,不能独立承担责任。

综合来看,"乖宝宝"真正成为社会精英、业界尖子的不多,他们大多在一般岗位上工作。当然,并不是说"不听话"的宝宝就一定聪明、出尖子。宝宝的"听话"应更多体现在生活规矩、行为道德上,而宝宝天性好动,鬼主意多,爸爸妈妈应做出正确的引导,使宝宝用在学习和对待事情上。当宝宝出鬼主意时,爸爸妈妈可以与宝宝一起挖掘更多的乐趣,引导他们应用在实际生活上。

不要让宝宝盲目听话

某位童话家说他从来没有对自己的宝宝高声说过一句话,也从来没有说过"你要听话"。"因为我觉得把宝宝往听话了培养那不是培养奴才吗?"心理学家认为,三岁的宝宝不反抗,就不是正常儿童。即使五六岁的宝宝,他们的反抗行为也是很明显的。

我们应该培养的是一个不盲目听话的宝宝。宝宝不但不盲目地听我们的话,而且对所有值得他怀疑的问题,他都会有自己的思考,并且可以无所畏惧地说出来。而这个"无所畏惧"依赖于平时有一个宽松的环境。假如他面对的是一个严厉的环境,他不敢说。我们只要从小告诉他一个原则,一个标准,在这个标准下,他知道什么东西要去执行,什么东西坚决反对,掌握好这个度就可以了。我们不是不管他们,而是要合理地管。

让宝宝自己给故事结尾

让3岁的宝宝从头到尾讲一个故事,要求太高了。妈妈可以同孩子一起看一本有图的故事书,看到最后一页,把最后一句留给宝宝

去讲。每次留给宝宝讲的内容比上次略多一些,渐渐教会宝宝为故事结尾,让宝宝能慢慢讲两句或三句连贯的话。也可以拿出一张图画,让宝宝说出图的意义。开始宝宝只能说物名,妈妈可以提醒他注意在主要的物品旁边还有什么,它们同主要的物品有哪些关系。看看外面是什么天气,从哪里能看得出来,让宝宝学会用两三句话去说明。也可以让宝宝对两幅图作比较,看看它们有什么相同或不同的地方。如果宝宝看图的能力进步了,在讲故事时可以留1~2页让宝宝看图说话,练习为故事结尾。看图讲话是一种想象力的练习,有图作为指导,可以启发宝宝的想象力,较容易完成故事的结尾。

另一种是没有图,光听故事,讲到快要结尾时妈妈突然停下,让宝宝继续讲下去。这种要求较高,可变性较大,可以随意想象。有时宝宝想象得不合理,妈妈可以说出不合理的原因,请宝宝更正。或者替他讲出关键的一句,让他接着把话说完。没有图的故事结尾难度高一些,待宝宝学会了看图说话之后再练习。

 和数学有关的益智游戏

数学是建立在理解的基础上的,死记硬背是靠不住的,一边动手一边学习,才能真正理解。

准备: 一副扑克牌,取每种花色中的前1~10;纽扣,55颗,第一次学习,用单色的比较好;筷子,同样也是55根。

小提示: 玩之前要告诉宝宝,在扑克里A代表1。

第一招"数量对应"

每个宝宝都有名字,每一个数量也有自己的名字,这就是数字。通过实物让宝宝感受和理解"数与量的对应关系"是学习数学的第1步。

首先用纽扣依次摆1个、2个、3个到10个纽扣,让宝宝先感知这些数量。

再用扑克来学习数字。以数字"5"为例,首先我们把扑克"5"的四种花色都拿出来,和宝宝一起数扑克上面的5个图案:"1、2、3、4、5",然后指向左上角的"5"说:"这是5。"四种花色,都数一遍。然后把扑克1~10发给宝宝,请宝宝把扑克放到对应的纽扣下面。

接下来,我们从一把筷子里数出5根筷子,将5根筷子用橡皮筋缠绕在一起,代表一个整体,放在扑克"5"的下面。这个动作必不可少,因为它能让宝宝理解数字"5"代表的是一个数量的整体。以此类推学习数字1~10。妈妈在引导宝宝学数字时,要有意识地按数字的顺序来学。

最后让宝宝自己动手用纽扣摆1个、2个、3个到10个纽扣,宝宝摆的时候可以把相应的扑克放在一旁,让宝宝自己去观察。

宝宝很喜欢这样富有操作性的游戏。学习数学需要具体可感的实物操作,同时还要有图形作为辅助去理解和记忆各种数学符号。

第二招"数序摆排"

数字是有一定的顺序的,可是数字为什么会有一定的顺序呢?我们不可能去跟宝宝讲道理,而且就算讲,也不一定能讲清楚,但可以借助物品来感知。

第1步: 利用之前绑好的代表1~10的10组筷子,把筷子"2"解开,分成1(根筷子)和1(根筷子),再把3分成2(根筷子)和1(根筷子)……把10分成9(根筷子)和1(根筷子)。分好之后放回在相对应的扑克下面。妈妈一边分解一边念出声来,把筷子还原后,请宝宝再分一遍。这个操作的过程,能让宝宝感受到数与数之间的联系,这对于记忆数字的顺序很

重要。

第2步: 妈妈把同一种花色的1~10顺序打乱,然后请宝宝吹一声哨子,下口令"扑克家族开始排队了"。妈妈一边排,一边念:"1,2,3……"妈妈排好后请宝宝摆余下3种花色的数字,3遍之后,宝宝已经记住了这个顺序。然后你可以来考验一下宝宝记住没有,让宝宝吹哨,你故意将数字摆错顺序:"1,2,4,5……"观察宝宝能否指出你的错误,如果宝宝不能,就装作自己恍然大悟的样子把独角戏唱下去:"噢!让我检查一遍,我摆错了。"这样不但维护了宝宝的自尊心,而且能够让他对妈妈错

的那一部分印象更加深刻。

第3招"奇数偶数"

游戏:"钓鱼"高手

钓鱼游戏,大家都比较熟悉,不过现在要增加一个环节,"妈妈和宝宝轮流翻牌,偶数放左边,奇数放右边",如果你翻到与桌面上的数字相同的牌,它们之间所有的扑克都归你。

在翻扑克时,宝宝要快速判断应该把手中的牌放在哪一边,并且注意观察桌面上是否有和自己手中一样的数字。例如,当宝宝翻开梅花7时,他观察到奇数扑克那一列里正好有一个红桃7,那么,他不仅知道自己赢了,还知道手中的梅花7站在哪一排,并对这一排所有的数字都有了印象。几次后,宝宝对奇偶数的印象就更加深刻了。

教宝宝背数到100

背数练习是宝宝成长过程中,爸爸妈妈最常用的开发智力的方法,经过练习,半数三四岁的宝宝会数到100。

要让宝宝能背到较大的数,关键在9到10的进位上。所以可以单练习7、8、9、10;17、18、19、20;27、28、29、30;37、38、39、40;47、48、49、50等,一直练习到100。也有一部分宝宝会背100以上的数,一直背数到200或300。背数出错常在9到10,就算会背到100以上,也还会在9到10的进位上出错。得到爸爸妈妈的鼓励后,宝宝背数会有很大进步。

小珠子换乒乓球

练习用5和10分堆的办法能快速数出物品的数量。

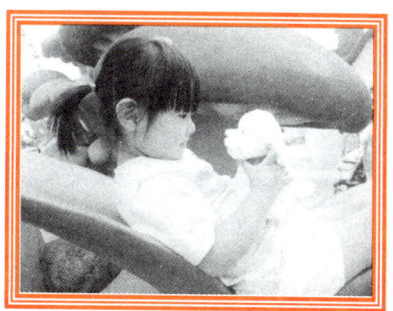

让宝宝把口袋里的珠子拿出来,5个摆成一堆。把袋里的珠子全摆到桌上,看一共能摆几堆,一堆珠子可以换一个乒乓球,看能同妈妈换几个乒乓球,然后再看桌上还有没有剩余的。再将每2个乒乓球放在一起,数数有几对乒乓球,看看宝宝能不能说出一共有几颗珠子。

如果一时不能说出,爸爸妈妈可以给予提示,每对乒乓球表示10颗珠子,有几对乒乓球就有几十个珠子,加上剩下的就是几十几个珠子。这个游戏适于3～4岁的宝宝玩。

 找字卡填句组

桌上放几个近似的字卡,如:险、俭、验、捡、检、脸、睑。爸爸妈妈说句子,让宝宝在桌上找出所要用的字。

（1）真危（　　）,昨天我骑车差一点被汽车撞上。（险）

（2）明天医生要来为大家（　　）查身体。（检）

（3）我（　　）到一支笔。（捡）

（4）他从不浪费东西,非常节（　　）。（俭）

（5）他的（　　）又圆又红。（脸）

（6）他眼（　　）上有颗痣。（睑）

（7）他要（　　）血看看是否患了肝炎。（验）

又如搭和塔。

（1）他在（　　）积木。（搭）

（2）他把积木重叠架高搭成（　　）。（塔）

同音字如废、费、肺。

（1）这是没有用的（　　）物。（废）

（2）这个宝宝穿鞋太（　　）。（费）

（3）他真是没心没（　　）。（肺）

爸爸妈妈还可以找一些字形相似或字音相近的字,写成字卡让宝宝填句。宝宝不认识的字大人可以帮他念出来,宝宝只要找到合适的

字卡就算对了。经常同宝宝玩类似的游戏可以使宝宝认字时更加认真,以后减少写错别字的事情发生。

Greeting 问好

New words(新词)

greeting[ˈgriːtiŋ](问好)

Children[ˈtʃildrən](小朋友)

new[njuː](新的)

what[hwɑt](什么)

word[wɜd](字、词)

name[nem](名字)

good[gud](好)

sentence[ˈsɛntəns](句子)

morning[ˈmɔrniŋ](早晨)

song[sɔŋ](歌曲)

evening[ˈivniŋ](晚上)

game[gem](游戏)

teacher[ˈtitʃə](老师)

afternoon[ˈæftəˈnun](下午)

What is your name?(你叫什么名字?)

Colors 颜色

New words(新词)

red[rɛd](红的)

black[blæk](黑的)

white[hwaɪt](白的)

yellow[ˈjɛlo](黄的)

light[laɪt](浅色)

green[grin](绿的)

dark[dɑrk](深色)

blue[blu](蓝的)

today[təˈde](今天)

wear[wɛr](穿)

Color[ˈkʌlə](颜色)

purple[ˈkʌlə](紫的)

(1)What Color is this banana? 这根香蕉是什么颜色的?

(2)This banana is yellow. 这根香蕉是黄色的。

(3)What Color is this apple? 这个苹果是什么颜色的?

(4)This apple is red. 这个苹果是红的。

(5)What Color are those grapes? 那些葡萄是什么颜色的?

(6)Those grapes are purple. 那些葡萄是紫色的。

情商培养

培养孩子做一个合群的宝宝

随着家庭结构的变化和生活水平的提高，多数宝宝都成了家庭中名副其实的"中心"人物。

由于缺少与同龄宝宝交往的机会，时间久了，宝宝就越来越不合群了。宝宝不合群的表现有很多种，像不积极参与集体活动、不喜欢争论、不主动帮助别人等，对这些宝宝来说，教育显得很重要。

父母应该经常约一些宝宝的小伙伴到家里作客或是带着宝宝到小伙伴家作客。每次家里来了小客人，父母都要为他们准备一些小点心，让他们在一起做游戏，一起分享喜欢的食物。若宝宝们喜欢唱歌，就让他们独唱或是合唱；若是喜欢画画，就让他们合作画一幅图画，让宝宝们在这些微不足道的小事情中学会合作，从而培养宝宝的合群意识。

大多数父母在教育宝宝的问题上都存在一个误区，总认为宝宝

长大后就会懂事了,其实不是这样的,宝宝的习惯是从小就养成的。妈妈身体不舒服时就可以明确地告诉宝宝:"妈妈病了,需要你的帮助。"这个时候,宝宝就会特别懂事。当自己的朋友或他的朋友生病了或需要帮助时,妈妈要带他一起去看望,把问候、帮助带给朋友的同时也能让宝宝学会理解和关爱别人,从而培养他良好的交往能力。

宝宝就是要在孩子们中间,通过嬉戏、玩耍来培养自立、协作的意识和良好的人际交往能力。

开发宝宝右脑的"法宝"

一项权威研究显示:爱因斯坦、达·芬奇、居里夫人这些世纪伟人的共同之处就是,他们都有着超强发达的右脑。右脑的存储量是左脑的1万倍,人脑在6岁以前完成90%的发育。因此6岁以前是开发右脑的黄金时期,千万别错过哟!家长可在日常生活中有意识地对宝宝进行训练,对宝宝的右脑实施一些特殊的教育:

学音乐

心理学家发现:音乐可以开发右脑,尤其古典音乐对宝宝右脑的开发有很大影响。听钢琴曲时让宝宝用左手模仿按琴键的姿势、听小提琴曲时让宝宝模仿压琴弦的样子。此外,还可以在宝宝从事其他活动时,创造一个音乐背景。

培养绘画感觉能力

右脑具有绘画感觉能力。让宝宝练习绘画,能培养其观察能力。尽情欣赏绘画作品、自然风景,陶醉其中。带宝宝参观花展、盆景展,直观整体地欣赏作品。涂鸦也是一种综合训练,包括视觉感受、动手能力、听觉描述、语言理解等能力,对右脑刺激也是多方面的。

干力所能及的家务

家长先有意把房间弄乱,然后同宝宝一起清理房间。开始时宝宝可能会做不好,分不清垃圾的种类、不知怎样用抹布擦桌子等,家长要耐心地指导,教几遍后宝宝就会做好了。

体育运动

右脑在运动中对形象的感知及细胞的激发比静止状态更快更强。每天跳半小时的迪斯科健身操、打乒乓球、羽毛球等,在打拳或做操时有意识地让左手多重复几个动作,以刺激右脑。

童话故事

童话故事是右脑形象思维能力开发的最佳方法。童话富于幻想,听童话故事,宝宝会不由自主地随着情节的发展想象故事中的人物、场面和情景,这对右脑的图形思维能力有很好的促进作用。睡前给宝宝讲讲故事,这时右脑呈现最佳状态,开发宝宝想象力的效果比白天紧张时要好得多。

训练空间识别能力

经常变化宝宝所处的环境,送宝宝上幼儿园时不妨有意改变路线;玩玩捉迷藏游戏;只给宝宝看小动物身体的某一部分,让他想象整个小动物是什么样子的;将一幅画的一部分遮起来,让他猜其他部分是什么样等;放一堆糖果在桌上,训练他用目测法判断糖果的数量;下棋也会对宝宝的右脑产生很好的刺激。

带宝宝逛商场

带宝宝一同去商场是开发宝宝右脑的另一种有效途径,能够培养宝宝综合运用各种知识及判断的能力。可以教宝宝独自挑选自己感兴趣的东西,也可以教宝宝如何根据价格来挑选面包和水果等。

手指训练

用左手剪东西、抓玩具、玩石子、玩豆豆等,可以锻炼宝宝手的神经反射,促进大脑的发育;闭上眼扣扣,练习写字绘画,可以增强手指的柔韧性;摆弄智力玩具、拍球投篮、学打算盘、做手指操等活动,可以锻炼手指的灵活性,玩积木、橡皮泥有利于动手能力的培养；经常让宝宝交替使用左右手，可以更好地开发大脑两半球的智力。

爬行和梳头

平时多用梳子或以手指代梳给宝宝梳理头发，特别是多梳右侧头发，强化对右侧头皮的刺激，加快头皮血液循环。从小训练爬行，对宝宝的平衡感及运动细胞发育都有帮助。

益智玩具

益智玩具是开发右脑的最佳工具。主要以拼插、组装、游戏等活动形式为主。电脑游戏机也是锻炼宝宝右脑的好工具，要为宝宝选择一个以图形为主的游戏，如想象游戏、猜图游戏等。买新玩具后，爸爸妈妈没有必要按说明书告诉宝宝应该怎么玩，放手让他们去摸索。

培养宝宝的独立性

美国心理学家曾对1500名超常宝宝进行长期的追踪观察，30年后发现20%的人没有取得什么成就。与其中成就最大的20%的人对比，发现最显著的差异并不在智力方面，而在于个性品质不同，成就卓著者都是有坚强毅力、独立性和勇往直前等个性品质的人。下面着重谈谈如何培养宝宝的独立性。

（1）珍惜宝宝自我独立性意向。当宝宝二三岁的时候，出现了最初的自我概念，以第一人称"我"称呼自己，开始出现"给我"、"我要"、"我会"、"我自己来"等自我独立性意向。心理学家指出：当宝宝的独立活动的要求得到某种满足或受到成人支持时，宝宝就表现出得意、高兴，出现"自尊"、

"自豪"等最初的自我肯定的情感和态度,否则就出现否定的情感和态度。因此,我们必须十分珍惜宝宝的独立性意向,给予热情鼓励和支持,使独立性不断发展。

(2)要尊重宝宝。注意对宝宝说话的口气和方式,要认真听宝宝讲话,使宝宝感到你在尊重他。宝宝吃饭不要硬逼,让宝宝做事尽量不用命令的口吻。不要当众斥责宝宝"不争气"、"笨蛋"、"没出息"等,这样会深深伤害宝宝的自尊心。

(3)不要过度保护宝宝。目前独生子女越来越多,往往导致爸爸妈妈对宝宝过度珍爱,这就产生了过度保护和过多限制的问题。这种过度保护和过多限制实际上剥夺了宝宝主动探索和认识外部世界的机会,阻碍了他们的心理发展。爸爸妈妈应了解宝宝心理发展特点,不要压抑宝宝独立性活动意向,解放他们的手脚,让他们做一些力所能及的事,培养他们的独立自主性,为形成良好个性打好基础。

(4)从兴趣上培养。让宝宝们做任何事情都要避免简单的命令,防止他们对劳动产生对立情绪或厌恶心理。宝宝对游戏活动有强烈的兴趣,让宝宝做一些象征性的劳动时,要尽量游戏化,这样他们就会以极大的兴趣积极参加。如果能经常地坚持训练,他们就会逐步养成热爱劳动的习惯。

成人应该积极地加以鼓励和引导,给宝宝提供一些力所能及的做事机会,让宝宝体会到自己动脑筋、自己动手做事的乐趣和喜悦。不要因为宝宝自己做不好或是怕宝宝动作慢而一切包办代替,这样会阻碍宝宝独立性的发展。另外,这个阶段的宝宝虽然独立愿望越来越强,但是,独立做事的能力却还很差。因此,在这个阶段爸爸妈妈既要允许宝宝在某些方面依赖你们以稳定他的情绪,又要鼓励他,并且对宝宝的行动提出适当的要求,例如正确地穿衣、吃饭等,从而培养宝宝独立生活的能力。

强化宝宝的任务意识

宝宝的任务意识,是宝宝社会性发展的表现。主要是指宝宝在老师或者爸爸妈妈的带动下,有目的地完成某一任务的愿望。怎样对宝宝的任务意识进行强化训练呢?

(1)任务提示。任务提示指在宝宝活动过程中,对于他们活动的内容和形式加以任务强化,提示宝宝使他们了解自己完成"任务"

的意义。例如,在跳绳活动结束以后,有的小朋友将绳子挽好后挂起来。老师或者爸爸妈妈就可以提示他:你是帮助小朋友整理跳绳吧!这样,正在整理绳子的小朋友就明白了他是在帮助别人。等他将绳子整理好以后,老师或者爸爸妈妈要进一步鼓励他:"你帮小朋友整理跳绳,做得真不错。"这样做就算完成了一项活动的任务提示。

任务提示必须有鼓励相伴随。在宝宝活动中,爸爸妈妈随时都可以把宝宝正在进行的活动,提示为某一项任务并鼓励宝宝努力去完成,从而达到强化宝宝任务意识的教育目的。

(2)任务相约。任务相约是指老师或者爸爸妈妈从宝宝的特点出发,用相约的方式,要求个别宝宝完成某一项任务。例如:有的宝宝唱歌唱得比较好,老师对个别表扬之后,可以相约他回家去给爸爸妈妈唱一唱。当爸爸妈妈在听宝宝唱歌后最好能提示一句:"是老师让你唱的吧!告诉老师你唱得很好。"

在任务相约过程中,有一些小

朋友很难一次完成相约任务。有些小朋友平时在教育活动中不专心,总喜欢自己玩点什么。对于老师交给的任务,不注意听,有些虽然听到了过后又忘了,很难建立起任务意识,这样上小学就会遇到很大困难。老师和这些小朋友及他的爸爸妈妈三方面实行任务相约,爸爸妈妈和老师统一要求,相约帮他改掉一个毛病——在活动中只顾自己玩,要求宝宝完成一项任务。爸爸妈妈配合老师,严格要求宝宝,经过一段时间,宝宝确实有了进步,在教育活动中精力比较集中了,学习也很用心,受到了老师表扬、鼓励的机会也多了。

(3)任务号召。任务号召是指把任务提出来,布置下去,号召宝宝自觉完成任务。这是提高宝宝任务意识,促使宝宝自觉完成任务的有效方法。宝宝自觉完成老师提出的任务,需要爸爸妈妈积极主动地帮助,配合教师的教育活动。有不少爸爸妈妈是真把宝宝的事放在心上,尽量帮助宝宝完成某一方面的任务。

运用任务号召的方法,其任务内容不一定规定得太具体,空泛的内容有时更能有效地培养宝宝的任务意识。例如:老师向全班的小朋友提出:"大家都来丰富自然课"的任务以后,有一个小朋友想给自然课增加几只小蝌蚪,就和爸爸捉了几只小蝌蚪,带到幼儿园来。老师表扬了他,鼓励全班小朋友要像他那样,认真完成老师交给的任务。

培养一个有责任感的宝宝

责任感,是指个人对自己和他人,对家庭和集体,对国家和社会所负责任的认识、情感和信念,以及与之相应的遵守规范、承担责任和履行义务的自觉态度。

责任感是宝宝健全人格的基础,是能力发展的催化剂。有关的研究专家认为:人都有一种积极向上的内在趋势。宝宝所表现出的各种主动尝试的愿望,正是一种责任感的萌芽。例如:宝宝自己要求独立吃饭,试穿衣服,手脏了自己洗……爸爸妈妈的责任是密切地关注他,扶植他,鼓励他,在尝试过程中,培养宝宝的意识,增强宝宝

Chapter 7 请来女神雅典娜
——3~4岁宝宝智力开发

的自信,使宝宝逐步成为独立自主,对个人和社会负责的、迈向自我实现的个体。

责任感的培养应该遵循这样一个规律:从自己到他人,从家庭到学校;从小事到大事,从具体到抽象。不可想象,对自己不能负责的人,何谈对他人负责?对家庭不能承担责任感,如何承担社会责任感?因此,爸爸妈妈对宝宝责任感的培养应从家庭起步,从日常生活小事抓起,循序渐进,由近及远,从具体到抽象。宝宝作为家庭的一名成员,既应该享受其权利,当然也应该承担一定的家庭责任,包括承担一定数量的家务劳动。爸爸妈妈可以通过鼓励、期望、奖惩等方式,督促宝宝履行职责,培养责任感。根据有关统计,中国宝宝每天家务劳动一二个小时,而美国宝宝每天家务劳动三四个小时。如果一个宝宝在家庭层次的责任感难以确立,将来一旦走上社会,同样难以向社会层次的责任感过渡。

对宝宝责任感的培养应该从大处着眼,从小处着手。让宝宝在家庭的岗位上感受责任的分量,哪怕只是倒一次垃圾,洗一块手帕。在宝宝忠于职守时应该给予表扬鼓励,失责时应该给予批评和惩罚。只有这样,才能让宝宝超越"以自我为中心",了解自己周围的世界,从而强化自己对他人负责,对周围环境负责的责任感。在家庭教育中,宝宝只有通过实践体验,才能提高自身的责任意识。爸爸妈妈包办代替是无济于事的,有的爸爸妈妈求子成材心切,经常代宝宝整理书包,帮助检查作业错误,这是一种责任感的"错位"和"越位"。宝宝做错了习题,打了"大叉";上课迟到,挨老师批评,其实并非一件坏事,通过让宝宝承担"失责"的后果,从而懂得上学读书决不是自己个人的私事,而是对社会的一种责任。爸爸妈妈自身对家庭、对社会的责任感如何,对宝宝来说也是一面镜子。从一定角度来说,爸爸妈妈的责任感水平可以折射出宝宝的责任感。

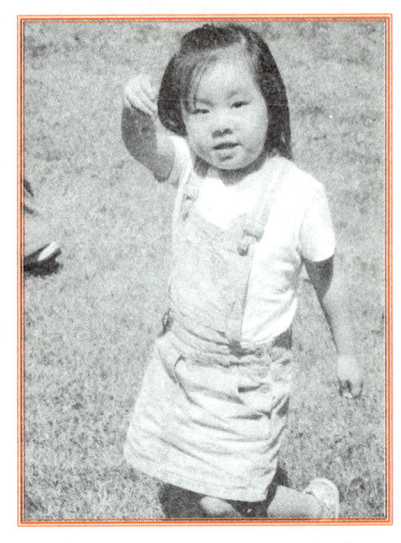

家长这样培养宝宝的责任感

培养宝宝的责任感至关重要,那么,具体地说爸爸妈妈们应该怎样培养宝宝的责任感呢?

(1)自己的事情自己做。在家中应该明确哪些事情是由爸爸、妈妈来做的,哪些事情可由爸爸、妈妈帮助宝宝做,又有哪些事情则必须宝宝自己做。对应当宝宝自己做的事必须给宝宝一个明确的要领和范围,在不同的年龄给他制订不同难度的目标范围,爸爸妈妈决不要包办代替。

(2)帮人做事。应该让宝宝明白,只是做好自己的事还很不够,因为他还是家庭的一员,是集体的一员,有责任协助做一些家里的事、集体的事,在力所能及的范围内对家庭、对集体尽责,只有这样将来才能更好地为社会尽责。

(3)对自己行为的后果负责。要善于抓住生活中的点滴小事,无论事情的结果好坏,只要是宝宝的独立行为结果,就要鼓励宝宝敢作敢当,不要逃避责任,应该勇于承担后果。爸爸妈妈不应该替宝宝承担一切,以免淡漠宝宝的责任感。

宝宝是在体验中长大的。很多爸爸妈妈抱怨自己的宝宝没有责任心,实际上,很多时候是爸爸妈妈剥夺了让宝宝对自己承担责任的机会。例如:宝宝打碎了家里的水瓶,最常见的就是,问问宝宝烫伤了没有,然后说不要紧,下次注意就行了。"战场"还得由爸爸妈妈来打扫。很少有爸爸妈妈会让宝宝想想,全家人没办法喝上开水了该怎么办?当一个人知道自己有过错时,内心都有一种要接受惩罚的准备,这是一种正常的心理要求,为自己的过失承担责任,求得心理平衡。

这是多么好的教育机会呀,教育不就是一种唤醒吗?在宝宝内疚和不安急于求助时,让他明白要对自己的过失负责这一做人的基本原则,将使他刻骨铭心。

当然,让宝宝对自己的过失负责,决不意味着可以体罚、伤害宝宝。这是一种建立在对宝宝尊重和信任基础上的教育惩罚,是一种因人而异、适可而止的教育技巧,它和赏识教育的目的殊途同归,都是为了培养宝宝健康的人格,促进宝宝的良性发展。

还有一点很重要,就是爸爸妈妈们应该努力要求自己做有责任感的好爸爸、好妈妈,好公民,以身作则,要求宝宝办到的事,自己先要做到。

自信是宝宝"能说"的动力

有的宝宝不敢在不熟悉的人前表现自己,在爸爸妈妈面前却非常活跃,这是什么原因呢?育儿专家给出了正确答案,这是因为宝宝的不自信,宝宝担心自己的表达不能得到别人的认同,从而不敢表达。要想让宝宝能自如地表达自己的所思所想,首先要树立的是宝

宝的自信心。

一个真正自信的人是怎样的呢?真正自信的人能清楚地知道自己在整个系统中的位置,不需要通过做什么事来让别人认同自己,而只凭自己向上的内在需求去做事。很多宝宝在爸爸妈妈面前与在不熟悉的人面前的表现不同,就是一种不自信、内心不安的表现。而宝宝自信的培养,与爸爸妈妈的互动有着直接的关系。

要让宝宝从"怕说"到"敢说",首先爸爸妈妈要放下对宝宝语言表达的要求和期待。很多爸爸妈妈都会有这样的心理:"我自己在这方面做得不好,我希望宝宝做得比我好。"于是这种期待无形中变成了对宝宝的否定和压力。爸爸妈妈要放下这些期待,代之以支持。当宝宝有一点点进步时,马上肯定和鼓励他。"宝宝的调整是有一个过程的,爸爸妈妈要看到宝宝在每个阶段的闪光点,并通过肯定和鼓励去强化它。"

培养宝宝"敢说",在任何时候都不要否定和打击宝宝。经常受打击而很少得到鼓励的宝宝会产生这样的错觉:"我是一个能力不足的人。"因此当宝宝遭受挫折时,家长应该用鼓励来代替责备。"没关系,宝贝下次会做得更好。"家长在这样鼓励宝宝后,要仔细去洞察宝宝的心,按照他们的心理需求去赞赏宝宝,信任宝宝,并给予热切的回应和正确的帮助。

Chapter 8

全脑发展小神童

——4～5岁宝宝智力开发

益智饮食

🍼 吃好早餐有办法

早餐是人一天最重要的一餐,只有早餐摄取了足够的能量,人才能在一整天保持一个较好的状态,尤其是碳水化合物的摄取,它能最快的转化为能量被人体利用。

人们把食物中营养做了形象的比喻,碳水化合物是支架、脂肪是能量仓库和保护层、蛋白质组成重要器官和酶(协调人体各种代谢等等)、水为各反应提供水环境和参加部分代谢中的反应。

瘦肉——蛋白质,肥肉——脂肪,米、面——碳水化合物(也含有 B 族维生素),蔬菜、水果——维生素和矿物质(主要是水溶性维生素,如猕猴桃含维生素 C;菠菜含铁),脂溶性维生素多含在肉蛋类食品中,如动物肝脏。

把早餐吃好,实在是家庭中的一件大事情。

简单地说,早餐必须满足 4 个条件:一是供应足够的水分;二是供应足够的淀粉;三是供应足够多的蛋白质;四是供应一些蔬菜或水果。

早餐宜准备些富含水分的食物,如粥类、汤面和牛奶,配以固体食品。早晨人体的消化能力不强,喝些粥汤可帮助消化,也为身体补充水分。我国营养学家主张,儿童"早一杯、晚一杯"地喝牛奶(或酸奶)最为理想。牛奶既含水分,又富含蛋白质和钙,对保持上午的精力益处多多。如果不能喝牛奶,用酸奶、豆浆、豆奶等代替也可以。

早餐的食物中一定要包括容易消化的淀粉类食品,还要有一些包含脂肪和蛋白质的食品。淀粉类食品可以是面包、面条、馒头、煎饼、麦片等,富含蛋白质和脂肪的食品可以是牛奶、奶酪、鸡蛋、熟肉、豆制品、花生酱等。这些食品营养丰富,而且可以在胃里停留较长时间,比较耐饥。如果可能,还应当吃一点蔬菜和水果,其中的维生素C和有机酸会让人感到精神振作。

近年来谷物早餐食品风靡都市。纯燕麦片营养丰富,配以鸡蛋、牛奶是很好的早餐。然而应注意的是,某些所谓"营养麦片"中的主要成分为白糖或糊精,蛋白质含量很低(每包仅有1克),爸爸妈妈们可要仔细看看成分说明,这样的麦片是不能来给宝宝做早餐主食的。

 宝宝运动后的饮食调理

对于那些平日运动量比较大的宝宝来说,他们需要更结实的骨骼,也需要更结实的肌肉,来应付那些难度高、强度大的体育动作。运动会促进宝宝的消化吸收功能,让他们吸收钙、铁等矿物质的能力更强,骨骼密度比同龄人高;运动也会提高宝宝分解脂肪的功能,让

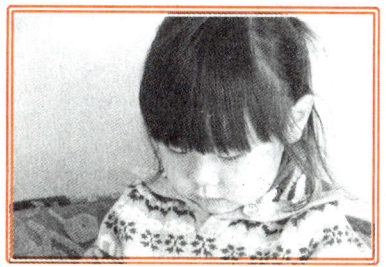

他们胃口更好,摄入高蛋白食物之后不会发胖,体内脂肪比例比同龄人低。

这些宝宝并不需要刻意地补充蛋白质营养品,只需要按照他们的胃口,吃荤素搭配、营养平衡的

饭菜,每天再保证一两杯奶,就可以获得足够的营养素。总的来说,运动量较大的宝宝需要比普通宝宝增加四分之一到三分之一的饭量。练习体操或者舞蹈的宝宝需要保持身体的轻盈和灵活,因而要少吃一些油腻的食物和甜食,可以增加豆类、蛋类和奶类来供应蛋白质。

实际上,最需要注意补充的营养素是水溶性维生素,特别是B族维生素。运动意味着肌肉活动,肌肉的活动需要消耗大量的能量,而脂肪和葡萄糖变成能量需要B族维生素的帮助,特别是维生素B_1、维生素B_2和尼克酸的消耗较大。如果这些维生素不足,就算给宝宝吃了很多东西,运动的时候仍然会感觉疲乏无力,运动后疲劳难以消除。B族维生素对大脑活动也非常重要,所以如果B族维生素不能得到及时供应,运动之后宝宝的学习和思维能力也会下降。补充这些维生素的最好方法就是多吃粗粮和豆类,再适当吃点肉补充铁就可以了。

此外,训练导致大量出汗,减少了尿量,容易带来体内废物的堆积,所以在运动前、运动中和运动后,宝宝都需要少量多次地补水,而且不能等到口渴才开始补充。大量喝水会妨碍运动,还可能因为突然降低血液中的矿物质浓度而引起不适。

运动医学研究表明,运动中最关键的问题是补充水分和糖分,这对于保持运动能力和消除疲劳都非常要紧。运动时每半小时到一小时就要补充一次糖分和水分,最好用液态饮料的方式。蜂蜜是最好的甜味来源,因为其中含有果糖和葡萄糖,吸收快,而且能够最有效地维持能量供应;豆汤富含钾、镁和B族维生素,因此给运动后的宝宝喝点蜂蜜豆汤是最理想的选择。

夏季防暑饮食调理

炎炎夏日的到来,可热坏了宝宝们,致使他们经常长痱子。对于很多宝宝来说,一年四季最难过的便是夏天。高温炎热对人体本身就是一种"逆境",身体必须靠大量出汗来维持体温的恒定。汗水的成分相当复杂,除水分之外,还含有钠、钾、钙、镁等矿物质,维生素C和多种B族维生素,以及少量蛋白质和氨基酸。同时,高温使得消化液分泌减少,消化能力下降,而出汗导致的营养素和水分的大量损失,加重了食欲不振、四肢

乏力的感觉。宝宝的体温调节能力较成年人差,代谢速度又快,身体对水分和营养素的缺乏更为敏感,"苦夏"现象往往更为明显。

那么,怎样才能帮助宝宝健康地度过酷暑呢?爸爸妈妈们不妨试试以下几招。

吃水果,喝粥汤,补充电解质

按体重计算,宝宝需水量是成年人的3倍左右,所以,在夏季一定要供给宝宝足够多的含水分食品。更重要的是,要补充出汗时损失的各种矿物质,尤其是钠和钾。钾和宝宝的抗高温能力有关,在体内缺钾时,宝宝很容易发生中暑现象。

夏天是甜饮料消费的旺季,然而,绝大多数甜饮料当中仅仅含有糖分和水分,却不能提供钠、钾、钙、镁等电解质,也不含维生素。因此,爸爸妈妈不要用甜饮料来为宝宝解渴。

到底什么样的食品和饮料含有足够的电解质呢?水果当然是一个上好的选择。各种新鲜水果都含有丰富的矿物质,具有较好的解暑作用。应当鼓励宝宝吃水果,爸爸妈妈还可以制作新鲜的果汁或者果泥,帮助宝宝吃到更多的水果。另一个很好的选择,就是营养丰富的粥汤和解暑饮料,其中尤以豆汤、豆粥对补充矿物质最有帮助。

给宝宝供应汤水时,一定要注意少量多次,因为暴饮可能造成突然的大量排汗,还会导致宝宝食欲

减退。刚从冰箱中拿出的饮料和水果,一定要在室温下放一会儿才能食用,避免冷凉作用让胃肠血管收缩,影响消化吸收,甚至引起腹痛腹泻。

补充充足的蛋白质

宝宝正处于快速生长的时期,蛋白质对生长发育特别重要。在35℃以上的高温中,人体排汗会损失大量蛋白质,同时体内蛋白质分解也会增加。然而,在炎热天气中,宝宝往往食欲不振,最容易发生蛋白质摄入不足的现象。

虽然大量的水果和汤羹会带来水分、电解质和B族维生素,却不能为宝宝提供足够的蛋白质。因此,用清爽而容易消化的食物来供应蛋白质,就是夏天的营养重点。这时候,豆类、奶类、蛋类和瘦肉都是不错的选择。

酸奶是夏天里特别好的儿童食品。酸奶的营养价值高于牛奶,它不仅含有极易消化的蛋白质,以及大量的B族维生素和钙,还含有大量活性乳酸菌,能够改善肠胃消化吸收功能,还能抑制肠道中的腐败菌,可以帮助

宝宝在夏天提高抵抗力,避免患肠道感染性疾病。同时,酸奶味道可口,食用不会上火。喝牛奶容易发生不适的宝宝,也可以轻松地用酸奶改善营养。

绿叶蔬菜加杂粮,补充维生素

夏季出汗会损失较多的维生素C和维生素B_1、维生素B_2,而缺乏这些维生素会使人身体倦怠、抵抗力下降。据测定,高温天气中水溶性的维生素需要量是平时的2倍以上。补充维生素C的好办法是多吃蔬菜和水果,补充维生素B_1的好食品是豆子和粗粮,维生

素 B_1 的最好来源则是牛奶和绿叶菜。

很多宝宝夏日喝甜饮料，吃白粥，而这些食品维生素含量都特别低。粗粮的营养价值远远高于白米饭和白面包，不妨把它们制作成杂粮粥，比如八宝粥等，经常给宝宝吃，可以替代一部分饮料，也可以作为加餐。

选择蔬菜的时候，要特别注意选用深绿叶菜。这是因为，无论是维生素还是矿物质，或是抗氧化成分，深绿叶菜都比浅色的蔬菜要高。一些家庭到了夏天就喜欢吃大量黄瓜冬瓜之类的浅色蔬菜，殊不知，它们虽然能清火利水，却不能提供足够的养分。最好能吃一半的绿叶菜，大约150克左右，加上一半的浅色蔬菜，给宝宝供应最全面的蔬菜养分。

考虑到宝宝的消化功能有所下降，在调味上的原则是少油腻，多酸香。当然，不能忽略的一点是保证食品卫生，凉拌的蔬菜一定要清洗干净。

少吃冷饮，保持食欲

夏天爱吃冷饮是所有宝宝的通病，爸爸妈妈们不可忽视。实际上，冷饮只能使口腔感到凉爽，却并非解暑佳品。

研究证明，冷饮不能降低人的体温，相反，由于血管遇冷收缩，反而降低了身体散热的速度。此外，冷饮中含有大量糖分，因此它们不能解渴，反而可能越吃越渴。冷饮的第二个害处是刺激胃肠壁，降低消化能力。宝宝餐前吃冷饮会严重地妨碍食欲，影响夏天的生长发育。冷饮的第三个害处是妨碍咽喉部位的血液循环，降低咽喉的抵抗力，使宝宝容易发生呼吸道感染。因此，建议爸爸妈妈们限制宝宝吃冷饮的数量，即使吃也应当在饭后1小时之后。

行为开发

敢于在人前表演

宝宝都会唱歌,但并不是每一个宝宝都敢于出来表演。有些宝宝虽然已经唱得很好了,或者在家里敢唱,但不敢在许多人面前唱,尤其不敢大声放开嗓子欢快地唱。有些宝宝是害羞;另一些宝宝则是被一种莫名其妙的思想束缚,以为在众人面前唱歌是"出风头",或

者怕唱得不好被人耻笑。小小的宝宝背上思想包袱而失去了幼儿本来的天真简直是太可惜了。

爸爸妈妈应鼓励宝宝大声唱歌,因为唱歌可以增大肺活量,可以使声带和咽喉得到良好的发育。但是扯着嗓子长时间叫嚷会让声音嘶哑,故唱歌的音域不宜超过宝宝的能力范围。练唱儿童歌曲对宝宝成长是有益的。过早学唱音域太宽的成人歌曲会损害宝宝的声带,经常叫嚷使声音嘶哑易长声带结节,且不易治愈。

经常在家庭中表演的宝宝,尤其是敢于在客人面前表演的宝宝,进入幼儿园后会更乐于参加表演。所以在家庭中要营造表演的氛围,使宝宝有机会大胆演出。

画出个性和创意

每个宝宝作画的方法都不可能相同,有人比较工整,有人比较

活泼；有人色彩淡雅，有人色彩艳丽；有人笔画纤细，有人粗犷不羁。要鼓励宝宝大胆去画，大胆去想，调动绘画的激情，让他们在快乐的气氛中充分表现自己的个性和创意。爸爸妈妈首先要肯定宝宝的个性和创意，再指出某方面的不足，使宝宝逐渐达到构图完整、合乎章法、运笔流畅、色彩鲜明的要求。

有时宝宝会在画出主要事物后，在其周围再画些自己喜欢的东西。如果画面互相不矛盾，也可以使画增加一些生气；如果实在不合适，可以让宝宝用另一张纸把喜欢的东西画出来。宝宝们画自己喜欢的东西时会更有感情，常常会画得更好。

培养宝宝的兴趣和爱好

兴趣和爱好其实是不同的两个概念。在这两个概念中，"爱好"的范围很广，所含感性因素偏多，而兴趣是人们对某一事物高层次的需求。比如榛榛喜欢看动画片，这只能说他爱好看电视，而非兴趣；榛榛喜欢舞枪弄棒，只能说明他爱好打打闹闹，也不是兴趣。

要想把孩子的爱好"升华"成兴趣，需要爸爸妈妈的正确引导。比如孩子喜欢看动画片，父母可以买一些和动画片相关的画册和图书。请孩子看图说故事，或者是画孩子喜欢的动画人物。这样无形中培养了孩子"讲故事"和"画画"的兴趣；孩子喜欢舞枪弄棒，可以给孩子看一些体育比赛的节目，培养孩子对体育运动的兴趣。

再者，爸爸妈妈一定要有一双善于发现的眼睛，多留意孩子的提问。小孩子特别爱问"为什么"、"这是怎么回事？"面对孩子千奇

百怪的问题,爸爸妈妈应该耐心面对,用通俗易懂的语言为其解释。多和孩子做游戏,从中开发孩子的兴趣。

一定要多花点时间和孩子在一起。善于教育孩子的父母都是愿意和孩子多点共同活动的父母。父母在共同活动中既可以了解孩子的行为特征,又能洞察孩子的内心世界,还可以和孩子共同体验快乐,从而发现并培养孩子的兴趣和爱好。

游戏开发

认硬币

教宝宝认硬币,不但能让宝宝早点认识钱币,还能为宝宝学习加减法提供便利。学用钱是对加减法的练习,在日常生活中常常用得到。

把硬币放在洗涤灵中洗净做游戏用。认识1角、5角和1元的硬币。先练习凑钱,如5个1角硬币与1个5角相等。5个1角加上1个5角才凑成1元。

妈妈可以模仿开个店,请宝宝来买东西。如1角钱买一颗木珠;2角钱买一块方积木;5角钱买一块长积木等。宝宝把硬币放入小钱包,妈妈可以让宝宝讨价还价,买任何东西都要付钱,看宝宝是否能凑够买东西所需的硬币。

上车买票

上车买票的游戏目的是模仿生活,练习买票付钱和找钱。

玩售票游戏,参加的人都发给纸写的5元、2元、1元自制的纸币,轮流当售票员。售票员说:

"每张票1元,请大家买票。"各人将手中的自制纸币递出,1元的不必找钱;2元的要找回1元;5元的要找回4元。小宝宝们可轮流当司机或售票员;在家中爸爸、妈妈和宝宝也可轮流担任,让宝宝学会付钱和找钱。

同宝宝一起乘坐公共汽车时可以请宝宝去买票。全家人一起出门要付3元钱买票;妈妈和宝宝一起要付2元钱买票;也可用5元钱买票,看宝宝是否知道应找回多少钱。

鼓励宝宝给妈妈讲故事

买了新书先让宝宝自己看,要求看完之后给妈妈讲书上的故事。这时的宝宝已不满足以动物为主题的童话,开始对反映社会生活、有复杂情节和有寓意或悬念的故事或有因果关系简单推理的故事感兴趣。许可宝宝边读边讲,不明白之处妈妈可以帮助解释。通过宝宝看新书讲故事,就知道宝宝是否真正把书看懂了,是否知道故事的全部内容。

儿童读物有深有浅,最容易看懂的如婴儿画报等杂志或书。4~5岁的宝宝已不满足于这种太浅的读物,甚至连《幼儿画报》也不满足,要看一些儿童文学类的浅显读物。儿童读物最好每页都有图,每页附有30~50个字解说。先让宝宝自己读几遍,不认识的字自己先想想,实在想不明白再问爸爸妈妈。让宝宝把内容先弄明白,将情节串起来再开始讲。

鼓励4~5岁的宝宝们互相讲故事,或给比自己小的小朋友讲故事,或给布娃娃讲故事。这样既练习了记忆和有先后次序的讲述,也激发了宝宝阅读故事书的热情,并能增进对字和词汇的了解。

花鹿"。

轮到宝宝学着描述:"我有一件玩具,白色的,有两个长长的耳朵,一双红眼睛,一条短尾巴。"爸爸妈妈从字卡中找出答案"小白兔"。

爸爸妈妈、爷爷奶奶都可参加到这种游戏中来。描述时要抓住事物的主要特征,让人从一个不大的范围中去搜索。这种描述方法可以从语言过渡到文字,用摆句子或者慢慢写几个字的方法描述,为以后作文和造句打基础。

描述

让宝宝练习用文字去描述一件具体的事物,让别人通过宝宝的描述去猜出是什么东西。

爸爸妈妈先示范:我们每天早上喝的,白色的,从大动物身上挤出的液体。宝宝很快从字卡中找出答案"牛奶";又如爸爸妈妈念儿歌,让宝宝猜:"身穿梅花衣,头上长树枝,腿儿细又长,奔跑快如飞。"是什么?宝宝会猜出是"梅

This is the way 这种方式

New words(新词)
Way[wei](方法)
Comb [kəum](梳)
brush [brʌʃ](刷)
sweep [swip](扫)

teeth [tiθ]（牙）

floor [flor]（地板）

wash [wɑʃ]（洗、擦）

face [fes]（脸）

Chair [tʃɛə]（椅子）

（1）This is the way I brush my teeth. 我这样刷牙。

（2）This is the way I wash my face. 我这样洗脸。

（3）This is the way I Comb my hair. 我这样梳头。

（4）This is the way I sweep the floor. 我这样扫地。

（5）This is the way I wipe the Chair. 我这样擦椅子。

 My home 我的家

New words（新词）

desk [dɛsk]（书桌）

table ['teb!]（桌子）

chair [tʃɛə]（椅子）

book [buk]（书）

pen [pɛn]（钢笔）

bookcase ['bukɔkes]（书柜）

pencil ['pɛnsʃ]（铅笔）

sofa ['sofə]（沙发）

crayon ['wɔrd, rob]（蜡笔）

wardrobe ['wɔrd, rob]（衣柜）

telephone ['tɛlə, fon]（电话）

television ['tɛləɔvɪʒən]（电视）

lamp [læmp]（灯）

（1）My father works at his desk. There are bookCases near by.

我爸爸在书桌前工作，旁边有书柜。

（2）My mother sits on the sofa, she likes netting or sewing.

我妈妈坐在沙发上，她喜欢打毛衣或缝衣服。

（3）We have a big wardrobe to keep our Clothing.

我们有个大衣柜存放我们的衣服。

情商培养

训练培养宝宝的逆境商

一个人事业成功必须具备智商、情商、逆境商,这是成功的三个因素。高智商的人并不意味着事业成功,只有高情商,高逆境商的

人才能事业有成。

高逆境商必须从小培养。我们总说,现在的宝宝缺少挫折训练。那么,我们怎样做,才能培养出高逆境商的宝宝呢?

(1)让宝宝从小学会"等待"。当宝宝7~8个月时,宝宝有一定要求时,我们就要让宝宝学会"等待",例如:给宝宝喝奶时,爸爸妈妈要告诉宝宝,奶要凉了才能喝。宝宝学习精细动作时,给宝宝一块包着糖纸的糖,告诉宝宝自己打开包装,才能吃到糖果。去商店买东西要排队,告诉宝宝必须遵守规则才能达到自己的要求。

(2)让宝宝从小学会做事"善始善终"。无论宝宝做任何一件事,必须要善始善终。如果是玩玩具,那么,过后就一定要分类放回原处,不能有任何理由不去做。如果有的事宝宝完成有困难,爸爸妈妈可以和宝宝一起做。当宝宝克服困难完成了,一定要给予表扬,

来巩固这种行为，形成好习惯。

（3）让宝宝从小学会"言必信、信必果"。当宝宝小的时候，大人做事或答应宝宝的事，一定要信守诺言。当宝宝3～4岁时，除了爸爸妈妈要做出诚信的榜样以外，也要教育宝宝应该信守承诺。凡是答应小朋友的事，不管遇到什么问题，也要履行承诺。但是，由于宝宝思维的局限性，爸爸妈妈要适当的提醒和协助宝宝。

（4）让宝宝学会保持"愉快乐观"的情绪。让宝宝保持每天都有好心情，除了给予宝宝爱以外，还应该有适当的惩罚手段，不能使宝宝养成任性，自私，怕苦，怕累的坏习惯（实际上这也是一种挫折训练）。当然这一切也必须从小定下规矩，让宝宝遵守。还要鼓励宝宝讲出每天、每件事的感受，对于积极的情感给予赞扬，对于消极的东西给予疏导。保持终日的好心情有助于宝宝的身心发展。

（5）让宝宝从你的态度中学会"自信"。鼓励宝宝能够处理自己的事情。

经常交给宝宝一些完成有一定困难的任务，给予宝宝充分的信任，即使做坏了或者造成一定损失，我们也应该鼓励宝宝，积极帮助宝宝找出问题所在，再重新开始。告诉宝宝：你一定能成！爸爸妈妈的信任，宝宝的自信，一定能够完成任务。

（6）不要轻易满足宝宝的要求。当认为宝宝确实是需要的，那么，就要给宝宝提出，要想得到这个东西，必须要自己付出。只有经过自己努力获得的东西，才是最好

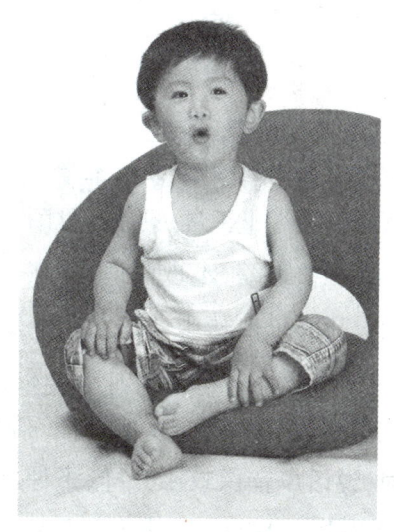

的，也是宝宝最珍惜的东西。

（7）鼓励宝宝的进取心。我们交给宝宝任何一项任务，不但希

望宝宝能够完成,而且希望宝宝能够有所创造,不要满足取得的成绩。因此,向宝宝交代任务时,也要诚恳地说:妈妈希望你比别的宝宝做得更好(或比你从前做得更好)。例如:你今天用积木搭的小房子非常漂亮,可惜被小朋友玩塌陷了,还能搭一个比这个更漂亮的吗?让小朋友也学学!

经过这样训练的宝宝,提高了逆境商,使得他以后在困难面前,有着一股坚韧的意志,能够最大的发挥自己的潜能。我相信,将来他的世界会更美好!

如何培养宝宝的交往能力

爸爸妈妈经常问:宝宝平常在家时行为举止正常,只是一见陌生人就胆怯退缩,不敢说话,躲在一边。在班里他从来不主动与小朋友说话,也不与小朋友玩。上课不敢举手发言,老师叫他回答问题时,说话声音像蚊子一样,下课之后也从不出教室,一个人总是缩在角落里不敢动。

从小培养宝宝的人际交往能力,这是值得爸爸妈妈重视的一个

普遍性的问题。那么,如何培养宝宝的交往能力呢?下面几点建议可以供爸爸妈妈们参考:

(1)创造平等和谐的交往氛围。爸爸妈妈不能摆出严肃的面孔训斥宝宝。家庭中的大事,宝宝可以知道的应该让宝宝知道,适当地让宝宝"参政议政"。

家庭中涉及宝宝的问题,更应想到宝宝,听听他们的意见。要给宝宝提供更多的交往机会。应该适当地带宝宝进入自己的社交圈,外出做客时,尽可能带宝宝参加;家中有客人来,让宝宝参与接待,让座、倒茶、谈话……不要一味地

将宝宝赶走。

（2）鼓励宝宝走出家门。交往的技能只有在与人交往中才能学会。爸爸妈妈应该尽可能地为宝宝打开生活空间，鼓励宝宝走出家门，广交朋友，如让宝宝去找伙伴玩，邀请邻居家的小朋友、同班同学来家做客。心理学家指出，同伴对指导或训练宝宝掌握社会交往技能，帮助宝宝走出孤独具有特殊的作用，因为这种技能宝宝是无法在成年人那里学到的。

（3）教给宝宝基本的交往技能。宝宝的交往技能，例如：分享、轮流、协商、合作等，需要爸爸妈妈在潜移默化中传授给宝宝。

（4）鼓励宝宝的每一点进步。在爸爸妈妈的悉心帮助下，相信宝宝在与他人交往时一定会有明显的进步，一见陌生人就胆怯、退缩、不敢说话等情况一定会有所改变。但这个时候，别忘了，爸爸妈妈还有一件十分重要的事要做：及时去发现宝宝的每一点变化，在课堂上勇敢地举手发言，第1次主动与老师打招呼，热情邀请同学来自己家做客，向一个陌生人微笑致意，购物时学着讨价还价，同情弱者，帮助他人……所有这一切，爸爸妈妈要随时看在眼里，记在心里，并且持续不断地鼓励她。如此坚持下去，爸爸妈妈一定能看到宝宝的良好表现而备感欣慰。

宝宝有幽默感吗？

何为幽默感？同一对爸爸妈妈所生的儿女，为什么有的宝宝比较"爱笑"，有的宝宝则喜欢"皱眉头"？"笑眯眯"、"爱笑"的宝宝，谁不喜欢？谁不乐意与"笑口常

开"的宝宝亲近呢？

有关研究的专家解释，所谓的

幽默感就是通过语言或肢体语言的表达方式，让与自己互动的对象感到愉快的言语或举止。有这种言行举止的人，我们称为具有幽默感的人。具有幽默感的宝宝通常很乐观，在生活中能不断地制造欢笑，让周围的人感到轻松愉快，自己也会富有成就感和自信。因此，具有幽默感的宝宝，也较容易获得友谊。

根据美国专家从事的专题研究表明，幽默感是情商的重要组成部分。而人的幽默感大约3成是天生的，其余7成则必须靠后天培养。因而在宝宝教育专家的倡导下，许多爸爸妈妈甚至在宝宝刚出世6周便开始对其进行独特的"早期幽默感训练"。实际上，不少较聪明的宝宝这时确已萌发"幽默意识"。

研究发现，幽默感从出生后第1个月便开始了，如：小宝宝在爸爸妈妈的逗弄下，便会"咯咯"地笑个不停；而1岁左右的宝宝，会因为玩"藏猫猫"而狂笑不已。宝宝幽默感的发展与下面几个因素有关：

（1）语言认知能力。宝宝的认知与语言能力发展到某个程度以后，"幽默感"即形成。当他听到或看到某件有趣的事时，经过判断以后，就会发出"哈哈"的笑声。宝宝的幽默感与成人的幽默感是不同的。

（2）爸爸妈妈的关怀。在3岁以前得到爸爸妈妈疼爱与照顾的宝宝，会表现出比较好的幽默感。因此，要使宝宝成为一个"具有幽默感的人"，爸爸妈妈应该多给予宝宝爱与关怀。

（3）愉快的学习气氛。在宝宝成长学习的过程中，如果总是处于一个轻松、愉快的学习气氛，会使宝宝体验到快乐，并且促使他以快乐的心情来看待周围的人或事物，有利于幽默感的形成。

怎样培养宝宝的自信心

自信心可以使宝宝不怕困难，奋力进取，取得更多的知识和经验，争取更好的成绩。鼓励、赞扬对增强宝宝的自信心是很有益的，但是，必须注意得当、得法。过度地或过于轻易地滥用鼓励和赞扬，

会使宝宝感到你不真诚、对他的期望过低、或不懂得什么才是真正值得赞扬的。最好是对宝宝的行为

或进步给予及时的、准确的反应，比如对他说："我看到你已经学会分数的加减了"，"你的那首诗确实写得不错"。这比笼统地说"好极了"，效果会好得多。

倾听宝宝的想法和建议，让宝宝自己想办法解决面临的问题，这能使宝宝感到自己的智能和潜力。有3个4～5岁的宝宝抢占着一辆小自行车，谁也骑不成。旁边的爸爸妈妈让他们想想看，有什么办法让大家都能骑到。一个宝宝想了想说，我们一人骑一会儿，轮流骑。大家采纳了他的建议。这种采纳带给他的高兴和鼓励，不亚于成人在单位所提的合理化建议被采用时的心情。

除了采纳宝宝的建议之外，还可以引导宝宝做对家庭、对别人有益的事，即使只是让宝宝种种花草，买买东西。让宝宝多与人交往，参加集体活动并且积极贡献自己的能力，感受到与他人之间的友谊、需要和依存。

克服困难、取得成功是拥有自信心的自然结果，又是重要的成因。完成某项任务、学会某项技能、取得某种成绩，都属此例。这里要注意的是，在激励宝宝做某种具有挑战性的事情时，不要只是诱之以物质，最好把他们作为已有一定智力和能力的人，以自尊心、荣誉心来激发他们。这样才能保持激励的持久和深入。

例如让4～5岁的宝宝自己穿裤子，不要说："你现在自己穿上，下午就给你买雪糕。"而只需说："我想你已经长大了，能够自己穿上它了。"在这样的提示下，

他努力穿好了,就会感到自己确实已经长大了,就会在此后每天的努力中巩固这种感觉,从而自信心大增。

Chapter 9

扶持蹦跳智慧长高

——5~6岁宝宝智力开发

益智饮食

要把粗粮当做主食

粗粮所含的部分营养素是精粮所无法比拟的,对我们的身体健康大有裨益。多吃粗粮不仅可以提高宝宝的胃肠功能,还有助于智力开发。

粗粮的营养学价值:

粗粮能够清洁体内环境

粗粮含有大量的膳食纤维(膳食纤维被称为人体的"第七营养素"),这些植物纤维能够平衡膳食、改善消化吸收和排泄等重要生理功能,起着"体内清洁剂"的特殊作用。

粗粮是控制宝宝肥胖的好食品

膳食纤维能在胃肠道内吸收比自身重数倍甚至数十倍的水分,使原有的体积和重量增大几十倍,并在胃肠道中形成凝胶状物质而产生饱腹感,使进食减少,利于宝宝控制体重。

粗粮中维生素B_1的含量高

维生素B_1是一种水溶性维生素,它的重要作用就是能作为辅酶参加碳水化合物代谢。另外,维生

素 B_1 还能增进宝宝食欲，促进宝宝消化，维护宝宝神经系统正常功能。但是水稻、麦子经过加工成粳米后维生素 B_1 已有大量损失。

多吃粗粮可以中和人体酸碱度

杂粮食物偏碱性，可中和人体酸性环境，缓解疲劳，增加体能，提高机体抵抗能力。然而，粗粮也不是吃得越多越好。长期过食粗粮，会影响消化，因为过多的纤维素可导致肠道阻塞、脱水等急性状况，还会影响吸收，使人体缺乏许多基本的营养素，所谓"面有菜色"，就是纤维素吃得太多，导致营养不良的典型表现。所以，把粗粮当做主食也要讲究方法。

正确吃粗粮的三大原则：

吃粗粮要多喝水

粗粮中的纤维素需要有充足的水分做后盾，才能保障肠道的正常工作，一般多吃 1 倍的纤维素，就要多喝 1 倍的水。

循序渐进吃粗粮

突然增加或减少粗粮的进食量，都会引起肠道的反应，对于平时以肉食为主的宝宝来说，为了帮助肠道适应，增加粗粮的进食量应该循序渐进，爸爸妈妈不可操之过急。

搭配荤菜吃粗粮

把粗粮当做主食还应该考虑荤素搭配，膳食平衡。每天粗粮的摄入量以 30～60 克为宜，但也应根据宝宝的情况适当调整。

🍼 胡萝卜是天然营养素

胡萝卜，地里长出来的"小人参"，营养价值也和人参媲美，有"大众人参"的美誉。胡萝卜虽然属于蔬菜品种，但却含有在肉食品中才有的维生素 A。维生素 A 是宝宝生长发育不可缺少的营养素，有保护眼睛、促进生长发育、抵抗传染病的作用，缺乏维生素A时皮肤干燥，呼吸道黏膜抵抗力低，易于感染、易患夜盲症、生长发育迟缓、牙齿生长不良等症。

胡萝卜的餐桌营养价值：

胡萝卜能增强宝宝免疫力

胡萝中的胡萝卜素能转变成维生素A，有助于增强机体的免疫功能，在预防上皮细胞病变的过程中具有重要作用。胡萝卜中的木质素也能提高机体免疫机制，间接消灭癌细胞。

多吃胡萝卜利膈宽肠

胡萝卜含有植物纤维，吸水性强，在肠道中体积容易膨胀，可加强肠道的蠕动，从而达到利膈宽肠和通便的作用。

胡萝卜有消炎杀菌的功效

胡萝卜素可以起到消炎的作用。平时摄入类胡萝卜素较多的宝宝，比摄入少的宝宝患关节炎的概率要少一半左右。胡萝卜的芳香气味是挥发油造成的，能增进消化，并有杀菌作用。

当然，爸爸妈妈们也需知道，给宝宝进食胡萝卜补充营养也像吃其他东西一样要讲科学，不科学的方法有时候比缺乏营养的伤害更大。

"菌"类饮食很益智

食用菌大多性味甘平，具有补养之功，对人体有良好的保健作用，除含有水分、碳水化合物、蛋白质及微量的钙、磷、铁外，还含有一些生物活性物质。此外，食用菌的补养之功有一个突出的特点，那就是对宝宝大脑有良好的补益作用。在日常生活中，经常食用的食用菌有：香菇、蘑菇、金针菇、猴头菇、草菇、黑木耳、银耳等。

食用菌的营养价值：

增强宝宝免疫力

食用菌中含有丰富的单糖、双糖和多糖，常食可以提高机体免疫系统的功能。

蛋白质含量高

食用菌蛋白质含量高达37%，高出蔬菜类好几倍，大大超过肉类和乳制品。不仅如此，其所含蛋白质属于优质蛋白，含有人体不能合成的8种必需氨基酸，其中赖氨酸和亮氨酸含量较多，消化吸收率达80%以上。

富含多种维生素

食用菌的营养价值很高,还在于它还富含多种维生素,尤其是水溶性的B族维生素和维生素C。

食用菌的营养吃法：

蘑菇要吃新鲜的

有些爸爸妈妈买回蘑菇后,习惯于储藏在冰箱里,觉得低温能更好地保证质量。其实,正确的方法应该是将新鲜蘑菇放在阴凉处保存。

清炒或清炖最营养

菌类具有酸甜苦辣咸之外的第六种味道——鲜味。因此,当它与别的食物一起混合烹饪时,是很好的"美味补给"。专家表示,为发挥每种菌类的优势,不妨使用不同的烹调方法。

香菇,味道重,比较适合红烧、油焖,比如在热油里放入葱姜,翻炒3分钟左右,或者在清蒸鱼里面配香菇。

草菇主要是爆炒,在爆炒过程中,维生素C等不容易被破坏,而且草菇吃着口感很好,适于做汤或素炒。

金针菇味道鲜美,是拌凉菜和火锅配料的上选,但最好煮6分钟以上,否则容易中毒,脾胃虚寒的宝宝也不宜吃太多。

猴头菇宜用高温、旺火烧煮。但总的来说,菌类最好还是以清炒或清炖方法为主,才不失其原汁原味。

做菜时,尽可能把蘑菇切得小一点,因为它的纤维素不仅不好消化,而且还会影响消化液进入其他食物,但是蘑菇浸出物、游离氨基酸和芳香物质却能增进食欲,促使胃液分泌,从而有利于更好地吸收其他食物。

菌类生长过程中可能带有部分有害物质,故食用前最好先用开水烫,将该有害物质去除,然后再焖或炒。

行为开发

宝宝任性怎么办?

世上的爸爸妈妈没有不疼爱自己的宝宝的。由于疼爱,于是喜欢迁就宝宝,结果就很容易造成宝宝的任性,一旦长大,也就无法管教了。这样的悲剧古往今来屡见不鲜。

当今许多创世界纪录的运动员,他们成绩的取得是与他们的辛勤苦练和汗水分不开的。他们在教练的指导下,有一两年的长远计划,也有半年或3个月的短期安排,而且还每天有每天的运动指标。一年365天,再苦再累天天都要完成训练计划。实际上,有5分钟热度容易,有始有终难。因为人

们都有一种惰性,遇到困难就喜欢打退堂鼓,而且,还常自我宽恕:"明天再做也不迟!"成年人如此,宝宝更是如是。因而,爸爸妈妈应在宝宝很小时就开始注重这方面的教育。

维持一贯的作风。一件事情决定了,开始做了就一定要有始有终,决不允许半途而废。宝宝如无故中途退却,事情做了一半就撒手不管了,就应该受到批评。爸爸妈妈决不可迁就、宽容。因为有了第一次迁就,就会有第二次、第三次的迁就;有了第一次的原谅与宽容,就会有第二次、第三次的原谅与宽容。

因此,当爸爸妈妈在宝宝的纠缠或要求下勉为其难地答应:"只允许这一次,下不为例。"或者,"好吧!好吧!下次可不准了"。这实际上就是对宝宝5分钟热度或坏习惯的让步,会造成宝宝的任性。因为人多是怕困难,贪图安逸的。大人尚且如是,宝宝更是如此。样样事情开个头,图一个新鲜,一旦失去了新鲜感,遇到了困难,需要耐心和顽强时,就退却。在宝宝们想撤退的时候,如果做爸妈妈的又在宝宝的要求下迁就让步,那就不要再做了;或者那就不要再学了,那事情就糟了。爸爸妈妈不严格要求子女,听任宝宝,今天可以让步,明天在新的事件上

又可以要求你做新的让步。这时,爸爸妈妈即使想坚持,想要严格一点也更加困难了。因为先例一开,再想要宝宝遵守规定或制度,或者要求宝宝、教育宝宝要坚持,克服困难,把一件事情做得有始有终,把功课做完,就困难了。或者要宝宝关掉电视,回房去做功课,都会行不通。

通常,爸爸妈妈为宝宝制定的规定和制度,宝宝很少能遵守和实行的。原因就是前面所说的宝宝总是想贪图自由,无人管束,想干什么就干什么。而做爸爸妈妈的由于对子女的疼爱,经不住宝宝的纠缠而放松尺度,不敢严格要求。就是以法律来讲,如果总是量刑从轻,社会上不法分子就会猖獗,社会秩序便会紊乱。例如:在大街和马路上汽车必须严格遵守城市交通规则。如果开车的人都乱闯红灯,必然会车祸不断。所以,尽管城市交通规则对司机是一种约束,但是大家都必须遵守。

教育宝宝也是如此。计划好生活学习制度,对宝宝确实是一种约束,但是,这对宝宝的健康成长

却是必不可少的。有的爸爸妈妈在带宝宝到公园里玩耍时,看见宝宝闯到花圃里摘花也不喊住;或去喊了一声宝宝不听,就听任宝宝摘花。让宝宝养成一种不讲社会公德或不遵守公共规则的恶习,以致有的宝宝长大后成了犯人。所以,为了把宝宝培养成对社会有益的人,爸爸妈妈对宝宝都应该从小就严格要求他们守规矩,遵守学校或家里规定的生活和学习制度。当然这在开始时会有些困难,看似不近人情,但只要爸爸妈妈坚持、循循善诱,宝宝一旦养成习惯就能自觉遵守了,而且一旦戒除了宝宝的任性,他们在学习和工作上也就能学会坚忍、顽强。

爸爸妈妈不要言过其实

在宝宝不听话,而爸爸妈妈又想要他听话时,会常说:"你是个好宝宝,应该听妈妈的话。"或"你是个乖宝宝,不会这么做的。"爸爸妈妈当时说这些好听的话,完全是出于无奈,想哄宝宝听话,变好,不再任性。当然,如果宝宝很小,还不大懂事,没有独立思考能力,

听了这些奉承话,也许会真的听话,不再吵了。不过即使是这样,宝宝养成一种只听奉承话的习惯,将来也会变得任性,听不得半句责

难的话。

5~6岁的宝宝已经懂事,有了独立思考和判断的能力,他会知道这是爸爸妈妈骗他的假话。实际上是说他不是个好宝宝,没有听妈妈的话,于是可能产生自暴自弃的想法,"反正我是一个坏宝宝!"宝宝们喜欢听好话,也就是说喜欢被别人表扬、称赞,但是表扬、称赞必须切合实际,有事实依据,这样才能鼓励宝宝进步,而不切实际,言过其实的称赞并不能真正鼓励

宝宝进步。因为,这是爸爸妈妈哄宝宝听话的一种手法,实际上是一种哄骗。要使宝宝真正听话,必须让宝宝充分地了解事理,也就是说应该让宝宝了解"为什么这样做才对"或"为什么不能这么做",这样宝宝才能自觉地节制自己的行为。

不可用恳求的语气和宝宝说话

有的妈妈为了宝宝不听话伤透了脑筋,打也不是,骂也不是。有时急得无奈,只得向宝宝恳求:"听我的话,你就做了这一次,好吗?"现在不少家庭有了钢琴,爸爸妈妈想要培养宝宝弹钢琴或者家里有一个宝宝,爸爸妈妈想要他学画。有的宝宝开始时由于很小,爸爸妈妈怎样吩咐,他也就怎样做了。但过了一段时间,他长大了一点,而且练习量加大,他逐渐体会到弹钢琴和学画的艰苦。他对弹琴和学画不再感到新奇,反而感到长时期坐在钢琴前或画桌前枯燥无味、受罪。于是,很想放弃练琴、画画。

爸爸妈妈急了,就来劝说,劝说久了,无效。就恳求:"我的小公主,你怎么不练了呢?快来,听妈的话,练完。好吧!"

一般任性的宝宝,知道爸爸妈妈最后会屈服的。因此,爸爸妈妈恳求宝宝也就是自动放下武器屈服,宝宝必然会变本加厉地任性。

宝宝通常对爸爸妈妈的责备和讲话本来就很敏感,如果爸爸妈妈还经常将就他们,只会造成他们的任性。因此,儿童心理学家主张,如果宝宝偏食,爸爸妈妈必须强制宝宝在限定的时间吃完规定的食物。否则下次用餐时,不论宝宝如何哭闹,均不给他食物,这样才能纠正宝宝的偏食。

 用天平学加减

教宝宝练习加减，用玩具练习会增加宝宝的兴趣。

玩具天平的两侧要求持平。先放上最大的数使两边平衡后，爸爸妈妈用右手隐蔽地（不让宝宝看见）换去天平右侧的数，让宝宝试着换左侧的数使天平再持平。

每当天平一侧自己翘起来，表示比对侧轻，要加一个数；当对侧翘起来，表示自己一侧太重，要减去一个数。自己一侧稍稍翘起时加的数较小，翘起太多时表示要加较大的数。天平中央的指针会对估算加减的数量有帮助。

 排队

排队的游戏可锻炼宝宝数数推理的能力。

把宝宝的柔软玩具全排在桌上。布娃娃排在从左往右数的第3个，从右往左数的第5个。问宝宝一共有多少柔软玩具呢？

先让宝宝自己想，如果想不出

来就将玩具数一数。

答案是：宝宝一共有7个玩具。布娃娃排在从左往右的第3个，布娃娃的左侧有2个玩具；从右往左排在第5个，加上左侧的2个，一共7个。类似的问题家长可以随意变换，如小朋友排队、停车场上汽车的停放等，让宝宝回答。

 查字典

宝宝在看故事书时经常会遇到不认识的字，如果爸爸妈妈不在旁边不能及时便问，但是手里有一本新华字典就方便多了。宝宝过去常看到大人查阅字典，觉得"查一下"十分神秘。其实查字典并不难，现在可以让宝宝学习。

查字典有两条途径：

（1）会读音但不知道意义的字可以通过拼音去查。例如查"困"字，知道读音是 kun，先找到 k 字，再找 ku，再找 kun。"困"是四声，在 kun 的最后部分可查找到 kun。查出"困"意思为：①陷入艰难痛苦里面；②穷苦，艰难；③疲乏该睡觉了。有了这几个解释再看故事书就容易懂了。

（2）如果看到生字，不知道怎样念，也不懂是什么意思，可以按笔顺去查。如查"困"字，先看它的构成，外面是一个大的口，先查到部首，口部是三画，在第几页，再数口里面的"木"字有四画，在口部四画处可找到"困"字所在的页数，翻开此页就可查到"困"字。先读出它的读音，再看它的解释，一个没学过的生字就会读并懂得它的意思了。

现在的问题是怎样知道字的部首呢？有明显偏旁的字以偏旁作为部首；没有明显偏旁的字，尤其是简易字要看第一画是什么，如第一画先写横,可在"一"部找,第一画先写竖,可在"丨"部找等。所以按笔顺写字是十分重要的,如果不按笔顺写字,查起字典困难就多了。

爸爸妈妈可同宝宝一起从字典中查几个字试一下,用拼音法查或用按笔顺查都试一下,多试几回就熟练了。认识一些字的宝宝如果在上学之前学会查字典,就如虎添翼,将来造句、作文都不费劲了。

成语故事

我国历史上有许多故事可用一句话代表它的意思,这句话成为沿用多年的成语。如:

"滥竽充数":战国时,齐宣王喜欢听三百人一起吹竽。有位南郭先生根本不会吹,却混在中间凑数。宣王去世后儿子继位,他不爱听合奏,要一个个单独吹竽让他欣赏。南郭先生不会吹竽,混不下去,只好逃走。人们把这种没有真本领混在众人中凑数的行为称为"滥竽充数"。

"疲于奔命":春秋时,楚国贵族子重和子反两人杀害了巫臣全家。巫臣逃到晋国,写信给他们说"我一定要把你们弄得疲于奔命而死"。以后巫臣出使吴国时,劝说吴国攻打楚国,又帮助吴国训练士兵。吴国在一年内进攻楚国七次,把子重和子反弄得四处奔走应战,十分疲乏。

"狼狈不堪":传说狼和狈是同类野兽,狈的前腿很短,走路时要趴在狼身上,离开狼就不能行动。"狼狈"形容受窘,"不堪"指程度很深。例如:一场倾盆大雨,使大家浑身都湿透了,狼狈不堪。

"塞翁失马":古时边塞有位老翁丢了一匹马,别人安慰他,他却说"这怎么知道就不是好事呢?"过了几个月,这匹马居然带着一匹好马回来了。后来人们用这句话比喻暂时受到的损失也许将来会获得好处。

"三头六臂":《封神演义》里说"吕岳在金眼驼上,出现三头六臂,大显神通"。后来用它形容不同于常人的特别大的本领。

"三心二意":《诗经》中有"二三其德"意思是意志不坚定,一会儿想这样,一会儿想那样,犹犹豫豫拿不定主意,与一心一意、专心致志相反。

"万紫千红":宋朝朱熹的诗《春日》中有句"等闲识得东风面,万紫千红总是春"。形容春天百花齐放,色彩艳丽。也可形容社会繁荣兴旺,事物丰富多彩。

"胸有成竹":宋代画家文与可擅长画墨竹。他家周围栽了许多青竹,他经常去看,竹子的形态已深深印在心里,所以他画竹时能很快画出来,人们便说他画竹时已"胸有成竹"。人们把对某事已作全面筹划,很有把握称为"胸有成竹"。

成语故事很多,爸爸妈妈不妨从成语词典中找出有代表性的成语讲述,使宝宝认识成语的几个字和它所表达的意义。

词组接龙

用两个字写在一起的词组做接龙游戏,第一个人先出一张词组;第二人要用另一张词组的头一个字接上第一个词组的最后一个字。如果没有现成的字卡,可以自己写,许可宝宝查字典或问爸爸妈妈某一个字的写法,但要先说出词组来。

例如:早上、上山、山坡、坡地、

地里、里面、面包、包裹、裹紧、紧密、密封、封口、口信、信纸、纸币、

币值、值钱、钱财……

也可在早字的另一侧接上：会爬、爬上、上学、学问、问你、你早、早上……

接龙也许可用同音字连接：鸡蛋、蛋糕、高兴、星期、齐整、正好、好人、忍受、售货员、圆明园、原来、赖人、任务、乌鸦、压迫、破烂、懒汉、旱灾、栽花……

接同音字需要宝宝认识较多同音字才能接上；如果允许用相同字并加上同音字就比较容易接。

宝宝入小学之后可以继续玩接龙游戏，以扩大认识字的范围和理解词组的意义。

汉字游戏中应用最广的是诗词，我国诗词有严格的格律，即是字数相对和音韵都要求符合格律，文有定体，字有定数，平仄韵脚合辙才符合传统的规定。汉字为单音，按四声排列能达到抑、扬、顿、挫、高、低、起、伏，构成音乐美，琅琅上口，悦耳动听。

许多家长都认为自己学得不多，不会启发宝宝。但是如留心观察，宝宝们喜欢诗韵，会在高兴时说出押韵的词句。大人的记录会促进宝宝的想象，宝宝有了原始记录的激励会逐渐进步而做出好诗来。

My toys 我的玩具

New words（新词）

doll ［dɑl］（娃娃）

ball ［bɔl］（球）

doll－house ［dɑl］［haus］（娃娃家）

gun ［gʌn］（枪）

trumpet ［ˈtrʌmpɪt］（喇叭）

Cube ［kju:b］（立方形积木）

puzzle ［ˈpʌz ］（拼图）

bead ［bid］（串珠）

nesting ［nɛst］（套碗）

（1）Girls like dolls and pet toys. 女孩们喜欢娃娃和动物玩具。

（2）They are preparing meals for their dolls with small table ware and kitchen toys. 她们为娃娃做饭，

用小餐具和小厨具过家家。

（3）Boys like balls and guns, they ale playing outdoor. 男宝宝们喜欢球和枪，他们在户外玩。

（4）He quiet Child plays with building blocks or puzzles. 安静的宝宝玩积木或拼图。

（5）The noisy one likes drum, trumpet and bamboo flute. 吵闹者喜欢打鼓、吹喇叭和吹笛子。

（6）Some Children sit on the seesaw, the others have the swing. 有些宝宝坐跷跷板，另一些宝宝荡秋千。

回忆有趣的一天

在出外游玩之前，爸爸妈妈先告诉宝宝，晚饭后要讲一下今天发生的趣事，以让宝宝有意记住几件趣事。

晚饭后宝宝开始叙述，首先他记得最清楚的是在湖边喂鱼，用手向水里撒鱼食，大群的金鱼游来抢鱼食，十分好看。庙里的大佛肚子很大，所有大庙的房子四个角全是翘起来的，旁边有许多大树都长得很高。

有些事当时曾引起宝宝的快乐，但宝宝并未说出。爸爸可以提醒一下，如钓鱼和跳大型的蹦蹦床也曾引起宝宝的兴趣。可能这些词宝宝说不出来，经过提醒，宝宝就能接下去说，也使宝宝记住了这些词。

让宝宝回忆有趣的一天，可以使宝宝把脑中留下的记忆，构成几句话叙述出来。通过这个活动，宝宝学习连接句子，把事情的经过连成串，如同作文一样，对其语言的发展十分有利。爸爸妈妈应该鼓励宝宝叙述在亲子间发生的事，叙述自己参加哥哥生日会的见闻等，以促进宝宝语言的发展。

 给宝宝留一点时间

爸爸妈妈即使工作再忙,每天也要给宝宝留出20分钟,听听宝宝有些什么话要说。宝宝不懂得20分钟有多长,有时一言不发。爸爸妈妈要提醒他:"还有最后的5分钟。"

鼓励他把最想讲的话说出来。有时宝宝要爸爸妈妈给他讲故事,爸爸妈妈也可以用故事来引起他说话的兴趣。父子及母子之间的交谈是最宝贵的,要养成经常交谈的习惯,使宝宝把心里所想的或解决不了的问题说出来,大家讨论解决,才能使宝宝成为与爸爸妈妈无话不谈的好朋友,并且在每一件大小事上评论它的意义和价值,让爸爸妈妈的观点对宝宝产生影响。有时在最后的1分钟宝宝才说出心里的困惑,这时通过几句话就可化解,这比用棍棒强迫好得多。

这么做使宝宝既锻炼了语言能力,也改变了对事物的看法,有利于塑造良好的性格。

 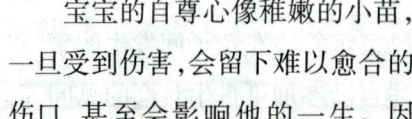

情商培养

 如何培养宝宝的自尊心

宝宝的自尊心像稚嫩的小苗,一旦受到伤害,会留下难以愈合的伤口,甚至会影响他的一生。因此,爸爸妈妈应该保护宝宝的自尊心,并且注意培养宝宝的自尊心。怎样培养宝宝的自尊心呢?

(1)不要粗暴地对待宝宝,使宝宝在愤恨中失去自尊心,而应该

循循善诱,就事论理,使宝宝在不知不觉中建立自尊。宝宝有强烈的"自我为中心"意识,作为爸爸妈妈要善于抓住生活中的点滴小事,向宝宝讲简单的道理,教育和培养宝宝从他人的位置考虑问题的习惯,逐渐摆脱"自我为中心"意识,使宝宝觉得人与人是平等的,从而懂得只有尊重别人,别人才能尊重自己的道理。

(2)不要讽刺、挖苦宝宝,应该积极鼓励,适当赞扬或给予奖励,使宝宝在自豪中建立自尊。不少宝宝争强好胜,有上进心,并且希望得到成人的赞许,但是,由于年纪小,难免出现错误或做事情不如爸爸妈妈的意。对此,不能过多责备宝宝,而是应该抓住其微小进步,激发宝宝的积极性,使他们克服不足,让他们在不断的进步中增强自尊心。

(3)不要对宝宝冷漠和厌烦。应该给宝宝创造表现自己的机会,使宝宝在满足之中建立自尊。宝宝喜欢表现自己,喜欢做事,更喜欢成功。成人不要怕宝宝做不好,让宝宝退缩一角,而应该尽可能地给他们创造机会,施展他们的才华,并且用爱抚的微笑,诚恳的赞许,鼓励宝宝进步。这样不但使宝宝增强了自信心,还可以培养爸爸妈妈与宝宝之间的感情。

(4)不要对宝宝管教太严,应该把宝宝当做独立的主体,使宝宝在平等之中建立自尊。爸爸妈妈不要把宝宝当做自己的私有产品,用命令的口吻跟宝宝讲话,用成人的标准要求宝宝。作为爸爸妈妈,应该鼓励宝宝大胆发表自己的见解,鼓励宝宝与成人争辩是非,如果成人确实说错了,做错了,应该坦诚地承认,并且向宝宝道歉,使宝宝觉得爸爸妈妈是尊重他的,自己也应该尊重爸爸妈妈和别人。当然，一味地表扬、奖励、赞许宝宝，会使宝宝产生虚荣心，必要的批评以及慎重的处罚，也是培养宝宝自尊心的一个很好的手段。它是一种冷却剂，可以使宝宝冷静地检点自己的言行，修正自己的错误。

培养宝宝的自尊心，不是一朝一夕就能完成的，成人要有耐心、细心，关心爱护宝宝，使宝宝的自尊心得到健康发展。

怎样培养宝宝的正直品质

正直的品质主要表现在：诚

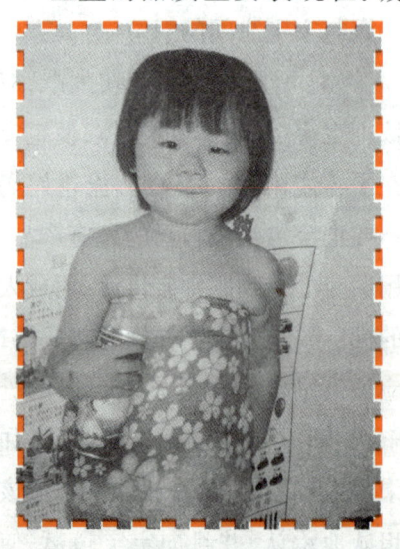

实、言行一致、富有同情心、待人真心真意，有正义感。怎样培养宝宝正直的品质呢？

（1）重视对宝宝进行品德教育。年轻的爸爸妈妈都希望自己的宝宝聪明、灵活，将来有个好前程，因此，在开发宝宝的智力方面给予了极大的关注。但却忽视了对宝宝的品德教育，这对宝宝以后的发展无疑是一个障碍。因此，爸爸妈妈要重视对宝宝进行良好的品德教育。

（2）做宝宝的榜样。俗话说："己不正，何以正人？"爸爸妈妈要从自己做起，加强自身的道德修养，做一个正直的人：对同事、亲友不说谎、不做假；在宝宝面前信守诺言，别为了达到某个短期效果而欺骗宝宝；要敢于在宝宝面前做自我批评；不袒护、包庇自己的宝宝；不在宝宝面前说别人的坏话等。爸爸妈妈要让自己的一言一行都成为宝宝学习的榜样。

（3）利用文艺作品提高宝宝的道德水平。引导宝宝多接触一些培养道德情操方面的优秀文艺作品，购买一些这方面内容的书籍、评论发生在身边的真实事例，让宝宝逐步懂得，诚实正直是中华民族的传统美德，要求宝宝从小做一个诚实正直的人。

（4）实践。品德教育最关键的是实践。爸爸妈妈应该让宝宝多观察参与周围发生的事，然后和宝宝一起评论，提高宝宝的道德水平。另外，爸爸妈妈要正确对待宝宝偶然表现出来的"不正直"的行为。遇到这种情况，爸爸妈妈要分析原因，制定教育方案，使宝宝的品德朝着健康的方向发展。

 如何培养宝宝的合作精神

要培养宝宝与别人合作的能

力，爸爸妈妈们应该参考如下的建议：

（1）给宝宝创造一个良好的家庭气氛。一个整天争吵不休的家庭，很难造就出一个具有和谐的人际关系的宝宝。爸爸妈妈必须把家庭成员之间的关系处理得恰当、合理。对邻居、对同志、对来客都要热情、平等、谦虚、有礼貌。宝宝会以爸爸妈妈为楷模，逐步养成尊重别人、爱护别人的良好品德。

（2）树立平等观念。要教育宝宝在平等的原则上为人处世，告诉宝宝不管对谁都应该树立平等的观念。要让宝宝懂得，在人格上，人与人之间永远是平等的。遇事要无私，要言而有信。只有这样，人与人之间才能互相信赖、和睦相处。特别是要教育宝宝严以律己，宽厚待人，尊重他人，不轻易地怀疑、怨恨、敌视他人。

（3）要让宝宝多参加集体活动。那些"以我为中心"的宝宝，开始在集体活动中很难与同龄伙伴和睦相处，只有碰了几次钉子以后，才会意识到在集体活动中一定要想到他人，让宝宝在活动中获得与他人相处的经验。

（4）训练宝宝合作思维的方法。要使宝宝所想的不仅仅是自己需要什么，而是整个活动、整个家庭需要什么，训练宝宝的合作思维。爸爸妈妈不可无限度地迁就宝宝的愿望，尽管有时这种愿望本身是合理的，但是，它却意味着爸爸妈妈要做出过多的牺牲。

（5）保证宝宝受锻炼的机会。宝宝们从小在家庭中学到的知识、培养的精神，都会渗透到他们的性格中去，而在长大以后带入社会。一个懂得合作精神的宝宝会很快适应工作岗位的集体操作，并且发挥积极作用；而不懂合作的宝宝在生活中会遇到许多的麻烦，产生更多的困难，而无所适从。

培养宝宝的理财能力

春节是中国人最盛大及最隆重的节日，穿新衣，贴春联，逛花市，守岁……对于宝宝们来讲，最最开心的是可以到处收压岁钱。近些年来，有的宝宝在春节可以拿到上万元的压岁钱。压岁钱带来的典型"后遗症"正是家长们的心理负担：如果把压岁钱交给宝宝，家长担心他们还没有自控能力，会胡乱花掉，由家长保管又担心宝宝不乐意。之所以会这样，是因为家长对宝宝的理财能力没有任何信心。其实，只要我们从小培养宝宝的理财观念，教会宝宝健康的理财态度，让宝宝人生的财富规划从此踏上坦途，那些幸福美好才能相伴而来。这种培养不是要逼迫宝宝成为小巴菲特，也不需要谈论什么高深的理论，只需要像谈论其他问题一样，以适合宝宝年龄的方法来满足他们的好奇心。

宝宝学理财的好处

从小培养宝宝的理财意识与能力是非常重要的,爸爸妈妈不要以为宝宝小就不理解金钱,宝宝都是充满好奇心的。儿童心理学家指出:小宝宝对金钱的兴趣可以说是与生俱来的,早期的金钱教育对儿童树立一个正确积极的金钱观,形成良好的理财习惯与技巧有着不可估量的潜在作用。

学理财要先认识钱

常言道,三岁看大、七岁看老。宝宝很多生活习惯和特质都是在很小的时候养成的,很多潜能也是从这段时间逐渐形成的。所以理财,也应该从小开始逐步开展。如果不懂理财,就算是金山银山也有用完的一天。因此从小就应该培养宝宝的财商,增强他未来生存和适应社会的能力,这比直接留给他物质财富更重要。

5~6岁的宝宝并不能完全理解金钱的作用,但他对任何事都非常感兴趣,好奇心非常重,喜欢观察和模仿大人的行为。因此,大人对周围世界和金钱的态度,潜移默化的影响了宝宝。宝宝在观察模仿中,逐渐形成了自己的概念。爸爸妈妈从这个时候,就可以开始灌输一些关于"钱"的知识了。

用游戏认识"钱"的作用

爸爸妈妈可以和宝宝做"买卖"游戏。宝宝和妈妈分别充当售货员和买家,把家里的玩具、书本等等东西摊开,让宝宝叫卖。宝宝会很乐意模仿小摊贩的声音扯开嗓子喊"快来买喽,特价了,谁要啊?"妈妈就可以问问,"这书多少钱?"宝宝张口就说"10块。"妈妈说"太贵了,便宜点行不行?"宝宝很容易就妥协了,可能立刻就会说"那好吧,就给1块钱吧。"通过这样的游戏,可以让6岁的宝宝知

道钱可以买到东西,而且还可以讨价还价节约用钱,节约可是理财最基本的知识。在给钱的时候,既可以用手指代表钱,还可以制作一些纸片写上1元、5元、10元、20元、100元,让宝宝找钱。这样又能帮助宝宝认识数字,学习简单的加减运算。